名师名校名校长

凝聚名师共识
回应名师关怀
打造名师品牌
培育名师群体

程晓远题

微小教育

集团化新校区办学的
教育情怀落地实践

WEIXIAO JIAOYU
JITUANHUA XINXIAOQU BANXUE DE
JIAOYU QINGHUAI LUODI SHIJIAN

周燕娜 ◎ 著

东北师范大学出版社
长春

图书在版编目（CIP）数据

微小教育：集团化新校区办学的教育情怀落地实践 /
周燕娜著. —长春：东北师范大学出版社，2022.11
ISBN 978-7-5681-9856-1

Ⅰ.①微… Ⅱ.①周… Ⅲ.①小学教育—教育研究
Ⅳ.①G622.0

中国版本图书馆CIP数据核字（2022）第224216号

□责任编辑：石　斌　　　　　□封面设计：言之凿
□责任校对：刘彦妮　张小娅　□责任印制：许　冰

东北师范大学出版社出版发行
长春净月经济开发区金宝街 118 号（邮政编码：130117）
电话：0431-84568023
网址：http：∥www.nenup.com
北京言之凿文化发展有限公司设计部制版
北京政采印刷服务有限公司印装
北京市中关村科技园区通州园金桥科技产业基地环科中路 17 号（邮编：101102）
2022年11月第1版　2023年1月第1次印刷
幅面尺寸：170mm×240mm　印张：15.5　字数：244千

定价：68.00元

做一个教育的长期主义者

跳出时间设置的陷阱，持续、长期地守住目标，你就能成为时间的朋友。有人把这种行为模式，叫作"长期主义"。作为一名教育者，面对成长中具有无限可能的学生，时间是最好的答案。而作为一所集团化办学的新样态校区，时间是最好的证明。

从2017年4月校区建成筹备开始招生，南海实验学校长峙校区从无到有。在盐滩小岛上，从第一年四个班级15名教师128名学生，到如今第六年招生8个平行班359名学生，现共有38个班级1600多名学生，其背后是学校五年里默默累积成长的力量，获得社会的认可，成为老百姓家门口的好学校。

五年学校走过第一个规划周期，作为校长，我深知"天下难事必做于易，天下大事必做于细"的古训含义，回味这五年长峙校区的教育生活，各种滋味里留下的还是甜蜜美好居多。教育的"易"和"细"不是小，而是起点不能高不可攀，否则，非但不能达到预期的目标，反而会无功而果；"易"和"细"不是不进，而是遵守成长规律，循序渐进，坚持做好每一天、每一事、每一人，在微小中坚持，最终实现"办一所受人尊重的小镇学校，培养每一个珍贵的普通人"的办学目标。这也是许多教育理论家和教育改革实践家所要把握的基点，教育理念设计必须有践行的路径和方法。

长峙校区的办学文化来源于舟山南海教育集团，长峙校区是在南海教育集团的统一管理下开展学校教育教学活动，传承学校的品牌和分享好的经验。五年里，长峙校区在学校环境、教师培养、家校建设、学校课程、学生活动、评价反馈等方面的"微改革、微创新、微实践"，遵守教育规律，看似"微"，却由微及大，逐渐产生充沛的能量。我们从提倡教师的觉己到觉他中，相信微小的坚持与行动能够成就每一名学生的信心，激发他们的需求，学生拥有了当下的幸福与未来的精彩，这又会反哺使得教师的心里生成成就感，从而让教师更加充满激情地成就更多的学生。

"教育即呈现，儿童即可能。"教育面对的是一个个生动活泼、各种各样的人，都带着不同的印记和来由以及不确定性的生长。这就呼唤教育者要做一个长期主义者，"教天地人事，育生命自觉"，让教育"向前眺望30年"，向人生远景凝眸，多一份从容、和善与坚定，让教育回归常识和本质。

做一个教育的长期主义者，我们需要系统地思考教育的核心要义。例如，在校园的环境建设与营造中，什么是美的？什么适合学生活动玩耍？怎样让环境散发育人的功能？例如，在这场未平息的新冠疫情中，教育该有怎样的担当？教育应以怎样的姿态和学生、家长隔屏相见？教育仅仅是"在线教学"这么简单吗？如果疫情照不出以学生发展为中心的教育，照出的还是备考和知识点学习，那么这样的教育就没有和"生命"在一起，就没有对"生命"承担责任，缺乏教育的核心要义——温暖、爱和善良。

做一个教育的长期主义者，我们需要尊重儿童的成长规律，因材施教，而不匆匆忙忙地、统一整齐地追赶着要求每一个孩子完成同样的教学内容，达成相同的教学目标，采用同样的学习方式，运用同一种评价手段。我们面对的是一切有可能的发展中的学生，我们的目标无法一蹴而就，但只要方向正确，守住目标，我们终将会无限接近这个目标。作为教育者，有了清晰的认知后，保持坚定的信念和适切的行动并持之以恒地实践，帮助学生走向主动而又自主发展之道。

做一个教育的长期主义者，我们需要正向地整合资源。教育始于家庭，归于学校，成于自己。成长无法代替，最终需要自我体验。社会、父母和老师能提供的是一种帮助和支持。我们从孩子更长远的未来去凝眸，反思学校的每一个活动、每一节课，是不是基于学生的素养发展，是不是五育并举、学科融合？教育可以基于生活的劳动教育实践，参与家庭讨论交流、分享所见所闻；线上教育可以提供适合的各类资源，供学生自主选择，实现线上线下联动。"有教无类、因材施教"我们需在提供各种资源时提早预判，因为适合的才是最好的。

做一个教育的长期主义者，需要我们每一位普通的教师认识到自己的责任和使命，相互学习、相互影响、相互唤醒、相互点亮、和而不同，携手共进。选择当教师，就是选择了一种独特的教育生活。我们遥望未来而扎根当下，用自己对教育的确定性来对冲外界的不确定影响，"行政推动"与"民间引领"结合在一起，学校培训与教师自我修养互相补充。倡导更多的"自组织"里结伴成长，在"人"里面做教育，远比在外面"看"和"评"重要。

做一个教育的长期主义者，是让每个有使命的人更好地完成自己的使命。

是为序。

场 域 篇

信 任 篇

活 动 篇

评 价 篇

场 域 篇

校园花草别样情

"**天**无私覆，地无私载。"（摘自《礼记·孔子闲居》）中国人特别讲究向天地学习。《八堂自然课》一书中讲到，人类要从自然中学会"接纳未知、相互依存、了解多样性、性别平等、尊重动物、效率至上、浴火重生以及长者的价值"。作为教育者，行走在校园的一草一木间，春夏秋冬里，感悟自然里的教育意味，关照我们的教育初心。

两棵红花檵木

学校正大门有两棵红花檵木。2017年7月，它们同时来到这里，左右相视，各自站立。

学校东西两个门岗，学生每天从西边这个门岗进出。值周的老师大多刚好站在西边的红花檵木边，"早上好""老师早""你好""再见"，孩子们每天这样说，值周的老师也这样说。

一年四季，红花檵木的树皮都显暗灰色，多分枝，无变化。春季嫩枝红褐色，密被星状毛。叶革质互生，卵圆形或椭圆形，长2～5cm，先端短尖，基部圆而偏斜，不对称，两面均有星状毛，全缘，暗红色。不开花的红花檵木是安静漠然的，也很少惹人去驻足。而到4月份，一丝丝、一簇簇、一团团，红花檵木热闹起来。花瓣4枚，紫红色线形长1～2cm，花3～8朵簇生于小枝端。那情形，我总不由得联想到蛇吐舌头。蛇吐信是为了辨别周围的环境，红花檵木开花是为了什么呢？使命吧。完成一棵红花檵木的自然四季生长。

今年的四月某日，一夜之间，西边的红花檵木红胜火，而东边的红花檵木却稀稀拉拉，上气不接下气。我发朋友圈感慨，是如《水知道答案》里的水结晶吗？那看不见的爱的能量造就了两棵红花檵木的此长彼消吗？

玲玲说，以后我们每天来上学上班，先要对东边门岗的红花檵木说"你好"，再从西边门岗进。如果红花檵木懂，也许会和西边门岗的那株一样了吧。

实在想不通一起来到学校的两棵红花檵木何以会有这样大的差别，那几天我东边走走，西边看看。花农老朱伯听了我的笑话"你好"后，讲道："校长，东边的这棵红花檵木没死已经很好了。那棵树在种的时候，刚好遇到一块水泥板，种树的人懒得把水泥块给去除，就这样种上去了。"

这样，水泥块顶住了东边的红花檵木，情绪也一直压在我心口。花谢后，东边的红花檵木一日不如一日。老朱伯给施肥松土，也挂吊瓶营养液，

场域篇

依然落叶纷纷。那几丛新叶努力生长，也显得稀拉几许。绿化老板说，要是种下去两年不到的红花檵木根没长好，再拔起来种植一次可能会延缓生长好几年而且不能保证活。算了，还是这样再松松土多加强营养吧。看着日渐消瘦的东边红花檵木，最后和老朱伯决定冒死相救。

今日午后，工具车来了。挖起东边的红花檵木，那块硬邦邦挡住红花檵木继续往下生长的水泥板，赫然呈现。老朱伯拿着撬棍使劲撬，如果红花檵木知道，应该是感谢吧。如此境遇，再强大的生命，也是难以支持。

很多人其实就像这两棵红花檵木，原本是一样的。但不同的生存环境，真的会带来全然不同的结果。也许遇见并懂得你的辛苦、慈悲而待的人，你便可以继续努力生长，纵使晚了若干年，还是会有一树的繁华，长成应有的模样；反之，若是不改变，纠结于此，就只能走向消亡。

两棵红花檵木起点一样，经历不同，风雨之后依然会是红花檵木。祝东边的红花檵木生长顺利！

校门口的月季花

　　校门口的花坛里，在第一年学校筹建完毕时，施工单位种下的月季花盛开了一夏。同一个品种，同一个花色，大朵小朵次第开放，挤挤挨挨甚是热闹。我们全校17个人的第一张教职工合照就在此地拍摄。

　　月季花四季开放，被人们叫作四季花或长春花。古人的诗词里有赞美月季花盛开时美好的样子，如"满院芬芳似落霞，众香月季逞奇葩。交游倘若此葩是，勤奋耕耘日日花"。也许是新的花坛土壤底层不肥沃，或是新学校周围海风较大，到第二年时，花坛的月季花只剩下一半，稀稀拉拉，开出的花朵也变小了。

　　校门口的景观是一所学校的"门面"，除了基本的干净整洁，花草繁盛是重要的一景。绿化工老朱伯挨着月季花之间的空档，买来同一品种的月季对其进行了第一茬的补种，希望校门口花坛内重现花枝繁盛的景象。

场域篇

可惜的是当年来了一场台风，后又遇霜冻极冷天气，第三年开春，月季花疏疏落落、此起彼伏地开了几个月。想这月季花，应该是无论春夏秋冬，长开不厌，生性简朴，插枝可活，枝繁叶茂，有着一种很强的生命力。大批量种植后竟然连着两年遭遇"冷场"。

一日校门口值周，看着花坛里同一品种的月季花，笔者突然想到是不是我们过度追求整齐统一的美？种植了同样的品种不说，老朱伯还修剪成同样的高度，这和我们平日里对学生的培养教育是不是有相似之处呢？月季的品种很多，颜色也多样，代表的意境和内涵花语也都不一样，对校门口的月季花何不尝试着进行多品种的栽培，也象征我们对每一个学生的不同包容和期待，也寓意学生本身就是不一样的，校园就是教育的百花园，每一朵花的色彩、形状、花期都不一样，每一个学生爱好、特长、个性也都不一样。

在一个党员活动日，笔者把想法和大家交流后得到大家的认可。老朱伯购买了品种各异的月季后，党员教师动手在校门口的花坛里种下了十多种不同的月季。各位老师还戏谑地认领自己喜欢的几棵后，又约定要看看以后谁的月季养护种植得好。

话说："十年树木，百年树人。"可见，种植植物与教育学生之间有着非常紧密的联系。养花，需要充分的信心和耐心；育人，更需要信心、耐心和爱心。不同品种的花习性不一，需因"花"制宜；不同的学生更是秉性不一，需因"人"施教，因需培养。花草养根，人养心；精心养花，悉心育人。

懂得了这些道理，看着校门口的月季花，就如同看一个个学生。四五月，盛开的月季在花坛描绘着绚丽多彩的景象，装扮着校门口，点缀着生活。阳光下的月季花，有的洁白无瑕，有的姹紫嫣红，有的金碧辉煌，有的含苞待放，虽然远看时参差不齐，大小不一，但凑近一朵朵欣赏，会发现各有各的美，各有各的奇。就如我们每一次开展活动看到学生各具特色的行为表现，发出的每一种声音，露出的每一个不同表情，尽管不整齐却细细观察，每个人都是自然流淌，各有千秋。

有了前几年种月季花的经验积累，冬天老朱伯用塑料薄膜给它们抵挡寒冷，夏天早给浇水，春天喷洒多菌灵。校门口的月季花已然成了校园最美的一景。每每春天来临花朵怒放的时候，笔者总招呼着学生和其他教师来看看，作为写作素材的积累来源。

笔者也每每站在花坛的月季花前，叩问自己的教育初心，对话自己，总是用欣赏的眼光看每一个学生，用宽容的心态面对年幼懵懂的学生。百花吐艳离不开园丁爱的奉献，倾注心血的爱能使孩子们如花儿般健康成长，他们总有一天按着自己的花期开放。

雨后，月季花瓣上的水珠颤动得欲坠落，这更让花瓣显得娇柔无力。尊重和爱护每一个学生的自尊心，与小心地像对待这些花瓣上的雨滴一样；月季花瓣落尽时，土壤里残留着花瓣，如我们培养一个个学生离开校园，他们的身上总带有着我们对他们的影响。

每一季花开，当笔者用影像留住它们的身姿时，笔者想留住的其实是每一个学生的喜怒哀乐。只有尊重儿童本真的自然属性，本真生命状态，教育才能是真诚而热烈，花开不败的。

海棠树所见夜思

尽管是上伏天，海岛的夜晚依旧凉风习习。夜晚，笔者在办公室加班结束，站在校门口等车来接。十多天不见，海棠树枝叶繁茂，风吹过，树叶摩挲，沙沙声尤为清晰。

习惯使然，树下闲站，总要东看西瞧。"一朵海棠花！"路灯的光从树顶照射下来，笔者分明看到一朵绽放着的完整的海棠花。这个季节，满树枝条上，或一个耸立枝丫，或三四个一簇簇结伴而长的，都是一个个海棠果啊。

借着灯光，笔者绕着海棠树走了一圈，细细搜寻，是否还有另外的一两朵在不合时宜地开放？整棵树找遍，没有。再次回到那朵海棠花下拍照。这是一朵多么独特的海棠花，开在炎热的盛夏，满树的海棠果中。它本是一朵平凡的海棠花，是否因为开错了时节被排挤？那么孤独的一朵，需要多大的勇气绽放自我，完成从坚硬枝条萌发的一朵花的使命——成为她自己，尽管别人已经变成了一颗颗很大的果。

"每一个孩子最初走来，他所看到的东西就会融进他的生命里，成为他人生的一部分。"笔者很认同这种观点，看不见的环境因素确实会给孩子的成长带来影响。也许如那朵海棠花，它本可以在春天盛开，但是由于枝条的外树皮太硬太厚，冲不出设置的牢笼。也许是在它萌发之时，没有得到基本的营养，先天不足，最终错过了正常的花期。

但不管如何，当它没有放弃成为自我的时候，这一条路最终还是走下去了。白天，笔者再次去海棠树下看，与春天的海棠花相比，花瓣颜色浅淡些许，但花形大，花蕊数枚挺立，那么独一无二，引人注视。

那个我们几乎全校老师都喊他"顾宝宝"的学生，三年级数学还不会20以内，很多字不认识也不会写，画不会画，上课坐不住，有时候完整清晰地说好一句话也难。但他有礼貌，能生活自理，和他讲道理能听，还特别善于表达感谢。在同龄人中，别人都已经"结果"，他刚刚"开花"，有一天，他一样会"结果"，结出这朵花变成的自己的果。他的爸爸、妈妈也特别有爱，不把自己的孩子和他人比较，积极乐观地支持他、鼓励他。学校和家庭、社会组成的这棵大树，如果能够一直拥抱这样的种子，早晚都会萌芽开放。

可惜有一些孩子的遭遇令人心有余而力不足，学校教育即使给予了充分的关爱，但和家庭这块原生土壤相比，没有家庭教育的基本保障，真的会让孩子们失去童年的基本滋养，不知道对于他们的未来会有怎样的影响。例如，暑假里，在学校的微信后台相册中，看到有的学生在学习游泳，有的学生在研学旅行，有的学生在阅读打卡，有的学生在学习书法绘画。现代化信息技术交流的便捷，让我们虽然不天天见面但依然能够像在见面，知道学生的生活学习近况。但也有一些学生，由于各种条件的缺失，一个暑假也许就是和电视相伴，偶尔外出近距离走走，阅读、研学等丰富的实践活动几乎不参加，等到开学后，上交的各类实践作业乏善可陈。更有甚者，父母过着自己所谓的"二人"生活，不管不问孩子，丢给祖辈，孩子都不愿意回家而在小区游荡。当发现孩子找不到报警请我们老师一起来寻找的时候，我真的很想当面质问他们，孩子对你们来说是什么？

夜晚的思绪也许清晰中会有偏激，在教育生活里的我总会忍不住联想到现实中的一个个教育现象和问题。如果花开，总希望有结果。如果带一个孩子来到世上，我们就有责任和爱去陪伴与支持他们成为自己。当学校教育特别无能为力的时候，是由于必要的家庭教育缺失、错位、离散了。

苏格拉底曾自问："什么是哲学？"他自答："认识你自己。""认识你自己"这句话还被刻在德尔斐的阿波罗神庙的门楣之上。一个人也好，一朵花也罢，来这个世上都有自己独特的使命，都是独一无二的。认识我们自己，是成为自己的前提。周国平在《成为你自己》首段中提出："童年和少

场域篇

年是充满理想的美好时期。如果我问你们，你们将来想成为怎样的人，你们一定会给我很多漂亮的回答。譬如，想成为拿破仑那样的伟人，爱因斯坦那样的大科学家，曹雪芹那样的文豪，等等。这些回答都不坏，不过，我认为比这一切都更重要的是，首先应该成为你自己。"在生命长河中，尊重每一个自我，不管早晚，全力以赴成全每一个人成为自己。

教室门口的小花架

每个班级的教室门口，都有学校统一购买的木制多层小花架，在各班学生自主进行绿植养护时用。不仅仅可以为学生课间生活带来些许色彩，观察绿植的生长变化、交流绿植的不同特征，也是学生在劳动小基地浇水松土、拔草搬运的重要工具。

每次在晨间学校巡视时，笔者总爱观察各班教室门口的这些小花架，高年级花架的陈列自然比低年级的繁盛，用心浇灌的总比任其自然生长的更绿意盎然。这也正印证了"付出与收获"的正比关系。

陈玲艳老师带领下的被评为市优秀班集体的四（6）班，在养护班级小花架的过程中，在发现问题后积极改进实践，充分发挥着"小花架"的育人功能，他们的实践和思考引发其他班级师生的共鸣。

在每学期开始，学生自发地带一盆小绿植到学校。这些小绿植可是他们精选细选而来的，有的枝叶丰茂，有的花开娇艳，有的造型精巧，一时间，班级门口的小花架被装扮得红肥绿瘦。但是，好景不长，常常没多久，小绿植就一盆盆相继枯萎，到学期末的时候，孩子们大都只能带着蔫儿了的植株回去，有的甚至捧空盆而归。其中很少有为自己植株的不幸而难过的，有些学生虽觉得有点遗憾却也坦然接受。经历了两个学期的实践，陈老师关注到一个问题，小小花架绿植最后为什么是这样的结局？作为教师应该做些什么进行改善？陈老师在学校阅读李政涛教授的《教育与永恒》中的"空间中的教育"这一章节中受到启发："教育无处不在，所有空间都可能被教育的气息渗透和沁润，无一例外。"

于是陈老师把我们学校在综合主题实践月中的"融合"教育充分应用在了小花架绿植的养护上，融学科、融过程、融全班学生的爱和力量，发挥着小花架绿植的特殊空间育人功能。

场域篇

1. "融一片爱心在绿植里"

周国平先生曾在《善良 丰富 高贵》一书中写道：善良，是生命对生命的同情，而同情是人类全部道德的基础。由此可见，没有一份同情，没有一点感同身受，根本无法建构德育。而没有德育的理念融入其中，又何求能让孩子们感知自己的柔软，去善待那些小绿植？陈老师在班级里发了这样一则通知：

"新学期新气象，让我们给自己找一位小绿友，让你的小绿友来到班级为我们的教室添色彩。但是你必须提前了解好它的习性特点和养护注意事项，再根据你对它的了解做一张简洁又美观的身份标签贴到花盆上，到时再将它介绍给同学和老师。"

孩子们很慎重地挑选，很认真地做准备工作，当他们把小绿植带入教室的那一刻，在他们小心翼翼的动作里，在他们可爱的眼神里，我们读到了一份爱怜和珍惜。之后的"小绿友介绍会"上，孩子们真的像在迎接自己一群很重要的朋友一样，仔细地介绍着，专注地倾听着，他们已然将自己的爱心融入了其中。相信经历了这些，孩子们会真正善待这些"新朋友"。

2. "融一份责任在岗位上"

"小绿友见面会"引起了孩子们的同理心，也激发了他们的好奇心。在好奇心的驱动下，孩子们对照顾小绿植一事充满了热情，但小学生的热情充满了"半途效应"，若不加提醒，过不了几天便会冷却，进而忘记那些角落里的"朋友"。于是，陈老师在班级里提出"小绿友养护责任制"，先让孩子们将自己的小绿友在登记册中进行了身份登记，并让他们带着一种谨慎的态度签下自己的名字。这样，他们心中升起一份责任感，让他们意识到精心照顾小绿友是自己的职责。同时，对于花架一角，专门设了一个"互绿港"让孩子们自由报名，轮流上岗，负责摆盆和看管，提醒他们及时照顾绿植。

3. "融一点科学在养护时"

以前，班级里也不乏那么几个挺勤快的孩子一下课总爱拿着小水壶喷洒。可即使这样，也未能养活花架上的植株。因为每个"小绿友"都有自己的个性，有的喜欢充足的阳光；有的喜阴，不适宜搬到阳光下；有的耐旱，不喜欢过多浇灌；有的爱潮湿，希望每天有滋润……而孩子们并不知道其中的奥秘，所以植株的败落便是必然了。由此可见，在养护的过程中，仅凭着一腔热情是不够的，还需要一份科学精神。为此，陈老师制作了一个表格，要求孩子们根据自己的小绿友的习性进行科学养护，结合他们的能力特点，引导他们用形象的简笔画图在表格中对浇水、日照、松土等养护进行记录。这样，孩子们的行动书面可视化了，当小植株出现问题时，可以查看记录，及时分析原因，调整养护策略；同时，深入植物世界，熟悉小绿友的习性特点，认真观察，及时记录，不断去发现它们成长的规律，这不正是一种可贵的科学精神吗？

4. "融一些真情在文字里"

老舍曾谈到，养花有喜有忧。如今，孩子们养护绿植亦是如此。每当发现小绿友抽出新芽或开出花儿时，孩子们会围着它兴奋个没完；每当有小绿友枝叶耷拉，无精打采时，孩子们都会忧心忡忡，尽心照料；每当小绿友恢复状态，重焕生机时，孩子们就会蹦呀跳呀，欢喜不已……这些可爱的"小伙伴"给大家带来了太多真切的体验，也给了他们太多意外的惊喜，而这些恰恰是孩子们最好的习作素材。写"小绿友身份证"、写写养护小日记、期中时写写"小绿友"半学期的自述……引导着他们去捕捉这一个个灵动而温暖的瞬间，就能让他们跟着自己的心将那些最美的生活用文字表达出来。这不仅是生活的记录、情感的抒发，更是写作的锻炼。

5. "融一份激励在评价中"

在孩子们把小绿友请到教室的那一刻，陈老师和他们约定，让小绿植见证他们的爱与细心，期末会进行班级"护绿之星"和"护绿小达人"的评比。转眼期末到了，班级小花架上再也不见以往的颓败枯蔫，展现给我们的是花繁叶茂的景象。小绿友在孩子们的关照下，蓬勃鲜活，焕发着勃勃生机，为了激励，也是肯定，每个同学都得到了"护绿之星"的奖章。其中，有十名学生平时对小绿植照顾得特别周到，小绿友也被养护得特别精神，在同学们的建议中，他们幸运地被评为了"护绿小达人"。荣誉见证着孩子们一学期的辛勤努力，从中他们体会到了劳动付出后的惊喜和愉悦。同时，在这样的激励评价中，孩子们的责任心更强了，他们把绿友当成了自己的真朋友，把精心照护它们当成了自己的职责和使命。

小小花架，经历了那么多，如今它展现给我们的，绝不仅仅只是这一片绿了。在不知不觉中，它已经融入了很多，既有爱又有责任，既有学习又有成长。小小花架，开拓出了一片花繁叶茂的美丽空间。试想学校里还能够开发出多少这样多维的教育空间，带给我们多少教育新希望？

半亩方塘里的春播夏长，秋收冬藏

许是自己的童年在农村度过，对于土地、大自然特别有感情。学科教学《科学》的部分内容与生命世界和动植物有关，经常需要带学生去实地观察实践，因此在学校筹建时，笔者存有"小私心"，特意在规划学校用地时留了一块校内的劳动实践基地，引用南宋朱熹"半亩方塘一鉴开，天光云影共徘徊。问渠那得清如许？为有源头活水来"一诗中的"半亩方塘"，作为劳动实践基地的名字。

第一年，半亩方塘里的土质含建筑垃圾中的小石块较多，为改善土质，清晰记得张亮主任和老朱伯特意去农村购买有机肥，大家顶着恶臭，一层土一层肥料地加以混合搅拌。为有个好收成，也能给学生提供真实场景进行观察记录，我们一开始种植的是生长期短又可以食用的韭菜、蚕豆等农作物。语文课上，老师带着学生进行现场作文并指导；美术课现场临摹速写；科学

场域篇

课我们观察油菜花。忘不了我们第一次看到韭菜开花的样子，慢慢又等到韭菜结果，在稀松平常的生活里发现小惊喜的那种体验，想必真的只有你走进大自然才可以有感觉。

为了向学生传达环保理念，我们设计了一堂特别的课——"感恩土地：堆肥实验"活动课。师生一起把从家里带来的厨余垃圾（如鸡蛋壳、鱼骨头、果皮、菜叶等）放在特意准备的容器中，笔者一边现场讲授堆肥的原理和做法，建议同学们回家可以自己再做个小堆肥箱，一边让大家紧握锄头，冒着寒风开垦土地，还组织大家举行了有意思的感恩土地默念仪式。也许孩子们会忘记自己到底说了什么，但是那样的场景，会让一颗和大自然一起跳动的心在某一个生命的节点扣响，让其融入他们的生命体验里，这也是我们追寻走进实地，在现象活动里教学的意义价值。

随着《中共中央 国务院关于全面加强新时代大中小学劳动教育的意见》实施以及2022年新劳动教学课程标准颁发，劳动课成了小学的基础课程之一，学校的半亩方塘自然成了劳动教育的实践基地，发挥着独有的教学和育人价值。

为让学生能够直接参与劳动过程，增强劳动感受，体会劳动艰辛，分享劳动喜悦，掌握劳动技能，养成劳动习惯，学校以"半亩方塘"为劳动教育基地，以班级为单位进行划片承包，学生根据节气和气候特点，制订耕种计划。在绿化工老朱伯和老师的指导下开垦土地，种植瓜果蔬菜，日常管理，施肥，收获劳动成果。迄今为止，半亩方塘里收获的不仅有玉米、番薯、土豆、青菜、大蒜、番茄、菠菜、茼蒿、茄子、蚕豆、豌豆、韭菜、黄瓜，还有西瓜、甜瓜、葵花、草莓……多得都数不过来，一年四季许多种时令瓜果蔬菜在这里生长，从发芽、开花、结果、种植、养护的过程都倾注了学生劳动的心血，让学生体会到了劳动的艰辛。而成熟的农作物丰收后，一同品尝丰收的甜美果实让学生感受到了劳动的喜悦。大家一起采摘下成熟的瓜果蔬菜后，送往学校食堂进行加工，大家一起分享，食物不仅仅是食物了。

学生发展处还把半亩方塘收获农作物设计成一个个小课程，如"番薯生长记"，从观察记录番薯的生长过程到收获番薯后对各类番薯食品的制作，校内外结合，让学生切实了解番薯的"前世今生"。

学校设置成长驿站，专门每个月给学生用成长币兑换各种学习用品或者活动券，其中有一种券就是"采摘券"。老师们把半亩方塘的活动和评价结合，形成教育活动的闭环，让评价衍生出新的教学活动。每当学生拿着"采摘券"进入半亩方塘采摘成熟的瓜果蔬菜并带回家自己制作并将成果分享给家长时，这会带给他们特别的学习成果体验。

每年七月初学期结束，半亩方塘里的西瓜成熟了。我们还特别开设了固定活动庆祝学期结束后的收获成长，称作"一起吃瓜顶呱呱"。采用直播技术，在休学仪式上，笔者来到半亩方塘的瓜地里，带学生直播采摘西瓜，教学怎么判定西瓜成熟、西瓜的切法，一年一次。校园西瓜的味道是独一无二的，那是我们在一起劳动收获的味道，也是学校对学生特有的祝福。

有一天等学生长大，回望校园生活，半亩方塘也许是窄窄几亩地。但在半亩方塘里一起观察、种植、收获、品尝的记忆，是日后同学相聚时对学生时代生活的述说和怀念。

场域篇

教室走廊天地宽

环境育人早已成为教育共识。让学校的墙壁会说话，让校园的树木屋瓦成为孩子的学习资源，让跑道赛场记得孩子的欢笑泪水，成功失败……学校是学生学习的地方，更是校园生活的场所。李政涛教授写道："好的教育空间，是师生共同的生命场，它能让师生共同成长。"学校教育不仅仅在课程活动里，也蕴含或浸润在每一处和师生相关的场景中。深挖自己立足的地方，那里一定有"教育的甘泉"。教育者只要对教育的环境有足够的敏感和睿智，就能创设出一个美好的育人空间。

特殊的角角落落

在学生的集体生活里，师生相处时间最长的地方就是教室，这也是班集体学习生活的物化环境。教室里的"正面管教"以不同的方式把重点放在创建一个相互尊重和支持的班集体上，激发学生去追求更好的自己，懂得同他人和善相处。无论在课上，还是在课外都很好地发挥教室环境的育人功能，使教室成为愉悦和快乐的学习和成长的场所。

前期学校对全体教师进行了"正面管教"理念的培训，近期班主任结合班级特色在班级里积极营造氛围、布置各区域。有的班级学生自己布置了暂停区，给这个空间起一个能表明其目的的名字：冷静角、太空舱；有些让学生学会正确的鼓励：鼓励树、夸夸墙；有些能让学生快速地恢复情绪，把刚刚的不良状态、生气在活动中调整过来，布置了选择轮、和平桌……

学生发展处从主题符合、布置点、美观性和实用性四个评价点出发，请年级段长们一起进行打分评比，并评选出了"正面管教"优秀班级。在班主任和学生的共同努力装扮下，每个班级的教室都有了各自不同的"特别角落"。因为有老师和学生的共同参与，每一个物品和墙壁都被赋予特别的意义，也让学生的课余生活有了一个好去处。尤其是当学生的情绪需要调节处理、内心需要和自己或和他人平静对话时，教室里别出心裁的小空间给他们提供了很好的载体和平台，让教室里处处洋溢温暖、传递善意，成为师生心灵栖息成长的好环境。

场域篇

此外，我们学校的每一个教室，在开班之前都会用心设计。全新规划省内领先的集课堂教学与课外阅读交流、闲暇活动、个别辅导、成果展示于一体的创新型教室，突破传统教室格局，为个性化生本课堂的实施提供物化空间保障，推动全新的课堂教学变革。

没有了讲台桌，让第一排学生和黑板相隔有了足够大的距离，不仅仅从保护视力的角度着想，更是留下空间让学生在上课中随时可以进行展示汇报。学生在教室的中央，学生是课堂的主体，改变了空间形式，有些内容也会跟着发生变化。

教室里设有专门的教师作业批改区，我们的教师尽量在课间对学生的课堂作业本面批、当面订正，提高作业实效性。

阅览区是学生课间自由阅读的地方，既有学校订阅的报纸杂志，也有每个班级学生自主流动的书籍。学校本应该就是随处可以开展阅读的地方。

水槽进教室恐怕是不多的。为了让学生养成活动后以及饭前洗手的习惯，我们打造物化空间环境。每个教室的最后角落里，设计了洗手台，配有洗手液、餐巾纸等，营造和家里相似的环境，切实让学生养成洗手的习惯。

一个教室犹如一个家，用心布置后隐含的教育元素发挥的教育力量将是潜移默化的。每次笔者走进一个班级，观察角角落落，那些干干净净的地面，整整齐齐的物品摆放，本身对学生就是一种教育。学生在有序的环境里，渐渐养成好的生活习惯，为他们走向未来的生活做准备，而这往往不是在教科书里所能学到的。

每一个橱柜有话说

我们学校的走廊特别宽，不仅方便学生在下雨天时运动锻炼，还让我们每个学生都有一个定制的书包柜，存放个人的学习用品、体育器材以及其他物品。

为了规范学生的物品整理行为，优化教室内外空间布局，学校为每个学生配置了书包柜，我们进行了全面考虑后决定采用"私人订制"的办法。

首先，书包柜通体橙色，温暖又亮堂，是我们学校物品的主色调之一。书包柜分成两层，较大的空间是根据书包大小尺寸设计，下面的一小格置有一青绿色抽屉，可放绳子、毽子等个人物品。左上角留了一个小小三角空隙，方便学生安全打开书包柜。

其次，书包柜的面板特意选用了软木材料，可以定期把学生的各类作品张贴在每一个书包柜的柜面，自然成了一面学习成果展示墙。学生在课间休息玩耍之余，随时可以欣赏到同学们的书法作品、小报、作文等，把学习空间资源在无形中呈现。作品上的名字又让教师能够在每日检查书包柜整洁度的同时提高辨识度，一举多得。教师还积极开发书包柜的潜在功能。一开始师生尝试用大头钉在柜门上钉一些学生的个性画或自我介绍海报，但由于大头钉容易掉落，带来了安全隐患，有班级别出心裁地将其换为磁力软贴。终于，这一扇扇"门"可以尽情发挥宣传效用，为每个学生打通展现自我、表达自我的通道。在走廊上，我们常常可以看到其他班的同学或前来参观的外校教师驻足欣赏的情景。定期更换内容时，操作也简单。

最高一层的书包柜上可以放学生从家里带来的绿植盆栽。绿植管理员会定期照看这些花花草草，连成一排的书包柜成了牢固的花架，在走廊上成为一道亮丽的风景线。

考虑到学生的身高，我们的书包柜一般是叠成两层，要是班级人数较

场域篇

多，外面走廊容不下过多的书包柜，老师们把一部分书包柜放在教室里面，排成一排。等到班级搞活动，在学生表演候场等待时，他们便可以坐在这结结实实的书包柜上，或欣赏演出，或温习台词，发挥了书包柜的又一功能——小凳子。

　　每一个书包柜将陪伴孩子们度过六年的小学时光。每学期结束时清空，整理打扫干净。四四方方的书包柜就像一块块积木一样，只要教师有足够的新意，对教育生活足够敏锐，一定能想出更多别出心裁的好点子。书包柜的里里外外，也考验和折射着每一个学生的整理能力、学习能力和交往能力。

移动画架：美，就是做回真实的自己

大家是否想过，指尖对画纸的呢喃，眼睛与色彩的私语，孩子对美的纯真表达，合作中与小伙伴艺术思想的碰撞，孩子在这些过程中收获的真实经验难道不比一幅画得像的画更具艺术价值吗？

基于此，借助于我校比较宽敞的大厅、走廊空间，由于其公共开放，在每学期期末或者某些活动时段，会进行移动画架"流动的美"主题展示活动。这是我校特意为学生创设的一个艺术作品公共分享空间，旨在让学生拥有自由便捷的艺术作品展示的场所。

第一年我们只有四个班级，美术老师利用期末的社团展示时机，把每个学生的课堂作品放在报告厅的大厅里进行静态展示。无论是素描、国画还是儿童画，是每个学生用色彩、线条组合的个性化表达，也许有些作品还比较稚嫩，但是美术作品是非常个性化的画像语言，没有好坏等级之分，只有与众不同的唯一，如果我们这样看和想，便会珍视每个学生的作品。

随着班级数量的增多，后期的学生作品质量提升不少。根据学期侧重点的调配，一学年中我们举办两次展示：一次为社团精品学生作品展，一次为每个学生的常态课堂作业展。每个学生都有一本装订成册的美术作品集，关注自己日常美术课堂的作业质量，也鼓励学生做真实的自己。

在"劳动周"活动中，有些学生的美术作品从平面向立体综合材料创作转变，如泥塑、麦秆画等，多样的创作材料让学生的作品更加丰富灵动，吸引了参观的同学竞相购买。学生发展处把义卖所得的收入在后续的社会实践中用于采购爱心物品，赠送给需要的人，一系列串联的教育活动，更是激发了有美术特长的学生，把自己更多的作品进行展示和分享、义卖、捐献。让学生从作品的美内化为心灵的美，这也是艺术创作的独有价值之一吧。

后期我们将继续开展每周一班的作品流动更换，让每个学生都能获得个人展示的机会。在那片充满个性色彩的天地，从来都不缺少驻足欣赏的参观者。一幅幅俊逸灵动的国画作品，引领我们走进翰墨飘香的精神世界；一张张五彩缤纷的色彩作品画满了童年的欢乐与梦想；一件件精美的手工作品源于孩子们天马行空的创意；一只只五彩的风筝是对中国民间艺术最好的传承；一张张灵动的版画作品诉说着学生的校园日常所见。这些稚嫩的笔触和张扬的线条是最真实的存在，而这份真实是我们美术教育中最重要的部分，是个性化的感觉和体验。著名的立体主义画家毕加索曾说："每个孩子都是艺术家。"十四岁就能跟拉斐尔媲美的他却用一生去学习像小孩子那样画画。足见我们在小学阶段保护和启蒙孩童艺术创作的重要性与必要性，多一些尊重、欣赏、鼓励、肯定，切忌下结论、划等级。

"所有未在美中度过的日子，都是被浪费了。"学校的一景一物、一人一事，以润物细无声的方式滋养着学生发现美的感知细胞，以多维度深层体验的教学手段刺激着学生感受美的敏锐神经，以欣赏共评的评价方式激发学生创造美的行为动力。只有教、学、评的高度统一才能让学生全身心投入到产生美的全过程中去，移动的画架，就是用最直白朴素的方式，搭建与呈现学生美的表达、创作。

正如美学大师蒋勋所说："美，是回来做自己。"它时刻提醒着我们教师必须坚持遵行一件事：美术教育是唤醒，不是授业；是启迪，不是教授；是发现，不是培训；是灵性，不是基础；是找到自我，不是成为他人。如何在孩子身上彰显真正的美术教育价值？我想在若干年后，当他们步入社会，仍然敢于以一种真实的态度去感受、体验这瞬息万变的世界，时时处处发现美、感受美，那就是它价值最大的时刻。

场
域
篇

喵喵板：会说话的小天地

孩子们喜欢涂鸦，喜欢模仿教师在黑板上充当"小老师"，和三五同伴"指点江山"。何不为儿童的这种天性创设一个可能的"小天地"？在一次行政会议上，笔者把给每班添置一块支架式移动白板的建议和大家分享后，其他教师都表示赞同。

学校采用支架式移动白板的用意有如下几点：其一，作为班级日常管理的一个消息站，由学生自主书写发布；其二，可以设置学生间互帮互学的"草稿纸"，让他们进行讲解与交流；其三，可以作为个别学生的才华展示区，课堂内外的作品可以随时张贴；其四，可以设置为班级的百科园地，各学科教师分享相关的拓展资料，学生各取所需。

当然每个班级分到相同的支架式白板后该怎么样使用，我们不做统一要求，年级不同、班主任的思考实践不同，白板发挥的显性功能也不一样。但我们相信白板的隐性作用都是为了学生综合素养的发展，让儿童成为教室里的主人，有自己分享表达的自由空间。

在三（3）班孙晓颖老师的班级里，经常看到白板上满满当当，三五名孩子围在一边观看交流的画面。据孙老师介绍，低年级"移动的小黑板"是班级月活动主题的展示台。学校每个月的"主题"丰富多彩，班级同学将多种材料，用在了很精致的板报栏上。内容也许粗糙、简单了一点，但是不失童真，都是学生自己花费时间精心设计和准备的作品。所以，孙老师每次把上交学校展示后剩下的作品也都粘贴在这块"移动"的小白板上。学生看到自己或者同学的作品被老师展示，感到格外开心和自豪，而且场外观众也是格外热情，常常围得水泄不通，指点谈笑，好不热闹！那段时间，看似贴的是小作品，其实是班级不同层次学生逐渐被树立起的自信心！

孙老师印象中最深的是用这块小白板给班级学困生——小唐办个人画

展。小唐一直没有学习兴趣，所以学习成绩不理想。但是孙老师坚信人人都是"闪亮的星"，发现小唐每次交上来的主题美术作品都有很强的个人风格，和唐妈妈沟通后将其在外面美术班画的作品中选了很多他自己满意的作品带到学校。粘粘挤挤，在空缺处写了主题"小唐作品展"，大功告成，特意推在门口放着！同学们体育课回来，都看到这块移动白板板了！"哇！小唐画的太好了！"……孙老师偷偷瞟着小唐，看到他笑得眼睛都看不见了！

小白板伴随着孩子到了三年级，已经被学习委员、宣传委员、各个社长独立承包了！在孙老师的建议下，学习委员和"卧龙"文学社长承办了"诗词飞花令"；那次，"数学特别时光"班级"二十四点"竞赛尖子生很少，孙老师找来数学课代表，默默给了他一页"二十四点"的题库，小黑板的小角落，也成了班级课间数学益智的小天地；随着三年级学业的加大，班主任和班级学生总结班级杂事的时间越来越少，在学生放学回家以后，班主任孙老师经常把自己想到的当日班级总结和明日规划写在板上，第二天，班长和各项负责人，开始默契地执行，同学们也心领神会……

 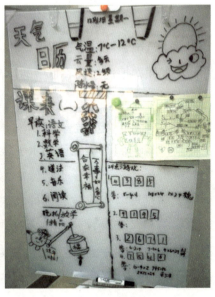

三（3）班这个移动的小白板，在不同时间扮演着不同的重要角色。随着时间的推移同学们越来越自主、师生越来越默契、班级凝聚力越来越强……孙老师说未来这个班级"会说话"的小白板的功能一定会更强大！对于学校

场域篇

配备的这块移动白板，我们的师生能够把它发挥出这么多功能，不断拓展育人的空间和学习的资源，用心、沉心做点滴教育，这就是一线教师对学生最珍贵的影响。

三（5）班王哲琦老师和副班周旭凡老师在组装这块移动白板时，聊起了各自经历中关于移动白板的记忆。周老师在考编前曾向朋友借了块小型的移动白板，日日苦练数学老师独有技巧——徒手画圆。引来王老师激动地附和，并道出若数学老师能做到，必然收获一波忠实的娃娃粉，并希望周老师也能在这块新白板上展现绝技。忽然王老师想到幼时总在墙上乱涂乱画，总缠着妈妈猜自己画了什么，一脸的高傲与自信。因此，王老师想让这块白板成为班级学生的自由涂鸦墙，却又怕抢了周老师徒手画圆的首秀。我们的年轻老师有时真的很可爱。

几天后王老师确定了班级特色：书画，也确定了白板的主要内容：开展"你画我猜"活动。她在班级里宣布这项活动的要求是按学号每天一人，在白板上画一个能够代表自己今日心情的画，随心画，让其他学生来猜猜这幅图表达的意图，并将自己的猜想写在便利贴上，粘贴于白板上，在每日小结中揭晓答案与奖励。

在学生绘画、解谜的过程中，让我感受到这群小天使的内心好像有很多声音讳莫如深，他们在我心目中的形象不再是一个三年级学生，好似一群大学生，生活有活力，思想有深度。而这块白板也成了另一种形式的"小海豚日记"，不过受众不再是"小海豚"的批阅者，而是每一个在班级里活泼的学生。渐渐地，随着学生认知水平能力提高，竟意外地涌现出古体字、象形字的解密活动，画的孩子把稀奇古怪的古字回忆出来，描绘上去，引得其他同学驻足思考，或皱眉，抑或瞎猜，各种形状比比皆是，甚至有时还难倒学生敬佩的博闻广识的班主任王老师。在三（5）班学生共同创意使用这块白板中，同学们自发地亲切取名：描描，后改名为"喵喵板"，因为班级女生觉得这样叫甚是可爱。在这块板上有你、我、他的故事，孩子们从不延迟，从不忘记，想分享，想得到，想要老师与他们共成长，共解小秘密。

笔者相信就像孙老师所说的，随着学生的不断成长，各个班级的小白板会发挥更多意想不到的作用，而归根结底我们教育者需要做的就是在提供给学生舞台、空间与材料之后的放手支持与信任，他们在拥有中产生责任感，这是学生必备的良好品质。学生善于向他们生活的环境学习，向同伴学习，教师要关心学生的想法和情绪，对学生的行为作出积极的理解和回应，让学生有更多的自己做决定的机会。这样，学生就能够更快地形成自己内心的责任标准，发展自己的判断能力。

场域篇

走廊出操：雨天不断，锻炼不停歇

"每天阳光锻炼运动一小时"，这是教育部对学校体育工作的基本要求之一，也是非常量化的一个标准。而在阴雨天连绵的雨季，让我们有时候无法达成阳光运动一小时的标准。怎么才能够克服降雨不断带给人们生活上的不便，并有效应对阴雨天给学生体育锻炼带来的影响？借助于我校宽敞的走廊，学校制定并完善了雨天走廊大课间锻炼方案，定点定时定内容，专人专班轮流负责，开展了素质操、韵律操、毽子、跳绳等活动，做到体能素质、运动技能与审美情趣相结合，雨天也照样达到运动一小时的目标。

每个学期初，体育组的教师科学规划区域。学校充分利用走廊面积大的特点，在走廊进行了大课间活动。走廊宽约4米，既能够满足学生小范围的空间移动，也能避免雨天无法锻炼的问题。长度约1000米，每个班级拥有一块约50米长的固定活动区域，每名学生之间的距离达到了1.5米。

全程由广播系统控制。从大课间活动开始，通过广播全程指导学生进出场和大课间活动。其中，活动设计以原地或小范围活动的内容为主，为防止出现学生自由活动的现象，录制了指令性的口令以及音乐配音来指导学生的活动项目和动作。虽然全校班级分散在四幢楼，但是可以借助广播系统让大家统一行动，快速到位。

为了科学规划运动，学校还统一了锻炼内容。遇到不适天气，全校利用广播统一开展走廊大课间，上午时段为跳绳和踢毽子，动作由易到难，有模拟跳绳步伐练习、30秒跳绳、一分钟跳绳和模拟毽球动作练习、30秒踢毽球、一分钟踢毽球等。下午时段为广播体操、"小苹果"韵律操、体能素质操和拉伸放松操等。统一全校的锻炼内容，有效保证了每天锻炼一小时要求的达成，而多样变化的内容也减少了学生在走廊锻炼时的枯燥感，符合小学生好动喜欢变化的心理特点。

有效的活动组织离不开顶层设计和常规管理。学校为了落实大课间的管理责任，实行校长室—教学处—年级段长—体育教师、班主任、德育导师四级一体的管理框架。校长室负责审核大课间活动方案，教学处制定活动时间和监督活动实施，年级段长负责反馈活动给班主任，体育教师负责制定活动内容和组织实施，班主任和副班一起协助负责管理班级学生的活动，德育导师负责关怀弱势儿童的活动。在雨天时教师就和值周学生一起检查反馈各个班级的运动情况，以评促练，养成良好的锻炼习惯。

由于携带方便、占用空间小且能使全身得到锻炼，毽子成为我校的体育特色项目，学生人人都拥有一个毽子。我们也把学校特色活动融入雨天锻炼的内容项目，让学生坚持踢毽子练习。先模拟练习，再进行有毽练习，循序渐进，并与跳绳结合，增加练习趣味性和递进性。同时，跳绳能作为边界，划定学生间的区域，防止学生间的近距离接触，确保安全运动间距。

无论是晴天还是雨天，每一天阳光体育锻炼不能少；无论是体能素质还是运动技能与审美情趣，每一样核心素养培养不能少；无论是教师还是学生，师生全体参与不能少。在走廊、在操场、在每一片空地，都是学生阳光锻炼的乐园。我们不能小瞧每一天坚持运动给学生带来的影响，健康的体魄、良好的习惯、扎实的体育技能，只有从小打下基础，才能在未来成为自己的一技之长。

场域篇

大厅里的围棋桌

每当午间闲暇时，抑或是放学后学生的自由玩耍时间里，行走在校园的过道走廊，每次到大厅，看见有学生三三两两在对弈，笔者总会心生舒畅和欢喜。大厅的墙上写着"闲暇，让我们成为更好的自己"。一个人如何度过自己的闲暇时光，也是衡量一个人生命质量的标准之一。

学校的大厅是一个开放、自由的空间。为了营造生本环境，我们在大厅的墙壁上张贴了日常学生校园活动的作品、海报、感谢表达等，而深受学生喜欢的围棋桌的来历，也是值得记录挺有意思的一个教育故事。

我校有一名学生，暂且称他小行，学习围棋已经有几年了，在同龄人中是围棋的佼佼者，但是在性格上有点内敛，不太自信，在班级中的存在感很低，同学们都不能注意到他。一段时间内，他内心的需要一直被压抑着，渴望被尊重，渴望被需要。直到某一天，小行向学校提议要举办一次围棋比赛，并且还提前制作了围棋报名海报。但是，这一切都不在学校教学计划之内，学校也没有围棋教师、器材和专用教室，即便有，我们该利用什么时间让学生进行比赛呢？当时我们学校只有一二年级的低年段学生，他们的围棋水平能达到比赛的效果吗？学校围棋场地器材缺少怎么办？……一切都是未知数。本着"儿童即可能，教育即呈现"的生本理念，学校决定由体育组来协助小行举办草根围棋比赛。一场特别的、由学生主动倡议和自主管理、学校协助的草根围棋比赛在校园内火热举行，一段段关于儿童的围棋故事接连上演。

在一天晨会上，同学们得知小行要举办一场围棋比赛，要在当天中午设点进行报名。学生中不管会的，还是不会的，主动报的，还是跟同学报的，都在报名点前排起了一条长龙，报名人数有100人以上。看到同学们的报名队伍将近有20多米长，原想不会有这么多学生报名，这比赛要持续多久呀！这其中大多数是一年级学生，此时戴利敏老师的脑海中出现了一些想法，他们真的会围棋吗？要不要筛选掉一部分学生？经过询问之后，果真，孩子们对于"会"的概念只停留在"爸爸教过我""我曾经学过几节课"的层面上。可见儿童对于自己感兴趣的事物，会很单纯且勇敢地去接触，这时候如果拒绝他们，可能失去的是一个孩子的兴趣甚至是梦想，戴老师一想到这儿，也就允许他们参赛了。

在围棋选拔赛中，一位叫小宇的学生在与同学下围棋过程中暂时落后，一盘围棋下了将近20分钟，眼看着午休结束要上课了，裁判长小行认为胜利的机会渺茫，希望他能放弃。但小宇很执着，在大局无望的形势下，始终不肯投子认负，最后实在没办法了，投子认输后，一溜烟跑了。在另一场比赛中，"赢啦，赢啦！终于结束了！"经过了至少3轮的角逐后，小胡这么说道。尽管是一、二年级学生，却已经有了竞争意识，对于输赢的意识比较重视，但是心理承受能力又存在不确定性，一个不经意的举动就可能影响到这些孩子的心理，造成难以磨灭的阴影。教师对这些孩子应要多加关注，淡化竞争意识，减少失败的体验。

小行在比赛中裁决同学们的纠纷以及普及围棋知识时，他说道："说话不能超过两次""谁连续下两目了，你要提醒对方""每个交叉点都可以下，不过不能下这个""你知道围棋盘有多少交点吗——361个""你知道扭羊头吗，你摆一个"。小行作为比赛的裁判长，胜负都由他决定，拥有着绝对的主导权，他与同学们的对话内容，出乎了戴利敏老师的意料；小行语气坚决自信，在同伴中的威信很高，老师把围棋比赛的裁判权交给了他，只是在一边协助，因为信任他们有自己的处理方式，可能比老师处理得更好。反思当我们与孩子们在一起时，总是处于强势地位，拥有着对一切的决定权，无形中支配着孩子们，而他们也表现出屈服的状态，渐渐地，他们不敢提意

场域篇

见以至于没有了自主思维。我们不妨放手将主导权交给他们，静静地观察着，他们的表现会让我们刮目相看。

在一场二年级的班内选拔赛中，正值学校午间休息。突然，一（6）班的棋迷们纷纷走出教室，来到围棋比赛现场，紧紧地围着棋手，静静地观看着、学习着。不知道他们是否能看得懂，但是他们其中有些人与围棋的缘分，可能就此开始！戴利敏老师引导着他们静静地围在棋手旁边观赛，裁判长小行则在指导他们观赛的礼仪。一场比赛或一个举动看似直接影响的是双方，但是在你看不到的角落，还有一群学生在默默地看着、思考着这一切，并被牢牢地记住。围棋比赛吸引了一群小棋迷，他们感受着比赛的氛围，观摩着围棋的技法，在他们内心可能埋下了一颗围棋的种子。作为教师责任重大，组织一个活动要关注直接双方，更应该关注活动延伸之外的教育辐射，对这些学生进行德育渗透。

"老师，老师，他连下两颗棋。" "老师，是不是落子无悔呀？" "老师，他说话。" 戴利敏老师回答道："老师不懂围棋，什么都不管，只管拍照，你问小行去。" 在比赛过程中遇到难题，学生总是下意识地向老师寻求帮助，为了让学生自主解决这些问题，戴利敏老师"残忍"地拒绝了他们的提问，将难题又抛给了他们自己和小行。老师的解决可能更公平、公正，但是只有让学生自己解决这些问题，他们才能在活动中学会宽容、牺牲和善良等。教师比学生更年长，经历更丰富，但并不意味着一切都比学生强，哪怕是小学生。教师在不懂或自我怀疑时，可以相信学生的判断。如果教师确信自己，也要学会倾听学生。

比赛经过了一个阶段，决赛时更是吸引了无数新棋迷前来观赛。为了使学生产生深刻的记忆，戴利敏老师把所有学生组织在一起，安排了富有仪式感的棋手入场环节。在比赛期间，棋迷们可以围

在自己支持的棋手旁观摩比赛，也可以在签名墙上写下自己的祝福，浓厚的围棋氛围深深影响着在场的每一个人。教师做的一件很小的事，但在学生的心里却很重要，他们会牢记于心，会精心准备，会渴望、会期待。所以，不要觉得自己做的是渺小的、无用的事而不去做。

围棋比赛以一种草根的方式举行，具有环境暴露、学生自主管理、层层淘汰等特点，在校园内形成了浓厚的围棋氛围。有老师提到，自从围棋比赛开始，发现学生课间奔跑的现象也少了很多，可能也是由于围棋比赛规则的熏陶。这次比赛的举办完全是一次偶然的机会，不在学校教学计划之内。正是由于学生的主动提议，才有了这次精彩的围棋比赛。我们的教育也是一样，只有从学生中来，才更能被学生所接受。

这次比赛从一开始举办，老师们就假想了很多困难，如小行能举办得了比赛吗？小行能胜任裁判工作吗？学生会下围棋吗？其实，在比赛过程中，一切的担心都是多余的，小行对围棋的技艺很精通，裁决比赛时也能公平公正。参赛的学生虽然只是一、二、三年级，但很多学过围棋，参加比赛更是游刃有余，有板有眼。所以，不管在什么情况下，我们要相信学生能够做到，只有让他们去做，才会更有进步。

一个教育活动看似服务的是活动双方，但是背后还有人在关注着。这次围棋比赛虽然是围棋选手们的盛会，但是还有一大群爱好围棋的小观众被深深吸引。如果我们为了让比赛顺利举办，就只关注比赛选手的表现，那么这

场域篇

次比赛只能让这一小部分人受到教育的影响。如果我们有意识地将所有人直接或间接地参与进来，那么，这次教育活动将会影响一大批人。

学校教育是一项浩大的工程，不仅需要学校从宏观层面整体构建，更需要在实施中从细微处着手。比如，围棋比赛的发起仅是来自小行的愿望，我们要不要为了一个学生的提议就举办这么庞杂的比赛？在报名时，有些学生不会围棋，我们允许报名还是拒绝？如何调整学生失败后的心理情绪？这是一场草根比赛，该以学校层面颁奖还是以草根的方式颁奖？在比赛中，有一大群小棋迷，我们应如何对待和引导他们？这些问题虽然细微，但也是不得不面对的问题。教育问题没有大小和轻重缓急，学生德育培养的需要就是我们需要和该要去做的。

大厅里的围棋桌就是来自这场"草根围棋赛"后，今天回想起学校里发生过的一个个有意思的故事，这场比赛依然给我留下了深刻、难忘的印象。作为教育者，我们充分给予学生信任、支持和鼓励，让我们看到学生的力量和智慧，他们完全超乎我们的预料。

鲍勃·康克林说："重要的不是环境，而是对环境作出的反应"。学校的空间尤其是公共的学科教室、功能小空间，看似很有限，但是透过我们的教育，它却能变得"意""境"不凡、视野无限，如果你能不断融入自己的教育理念，不断精巧构想不同的教育教学活动，便能衍生出一片生机和希望，触碰到一个你想象不到的教育新世界。

功能教室趣味多

爱心失物驿站：让"宝贝"回家

有一天在小含妈妈的微信朋友圈看到一则信息，小含心爱的一本带锁的笔记本找不到了，她非常难过。只记得那天在操场上搞活动，结束后就忘记带回来了，为此，小含还自己设计了一张寻物启事单，有心的妈妈就此拍摄在朋友圈记录。

随着人们物质生活水平的逐步提高，每个家庭给予孩子优越的物质条件。孩子的东西丢了家长马上买新的，这就相当于在奖励孩子丢东西。久而久之孩子便对丢东西习以为常了。这导致孩子对自己的物品不重视，有些学生即使丢了东西也不会去找。丢东西虽然是小事，但足以看出一个孩子的生活自理能力的不足和责任意识的缺失。而捡到失物的孩子也因无法找到失主而无法将失物归还，或者因此据为己有。

笔者想就这件事情，学校能否做点什么呢？是否可以给学生提供一个专门张贴寻物启事单的场所？让学生知道自己丢失了物品可以通过自主的方式去尝试解决，这也是教给学生解决"丢三落四"问题的方法。小学生不可避免地会丢三落四，问题不可怕，关键是能够去解决它，在此过程中也提高了学生在真实情景中解决问题的能力。

我和小含妈妈沟通后，请她把这张寻物启事交给学生发展处的汤梦琪老师，同时和汤老师沟通好，我们是否可以给学生提供一个张贴寻物启事的地方？于是汤老师发现这一则"别具一格"的寻物启事，马上在礼仪大厅墙壁上多放了一块"寻物求助帖"，取名"爱心线索"，希望大家都能提供爱心线索，早点让"宝贝"回到它的主人身边。那则寻物启事一经张贴，立刻引来全校师生的关注。对他人而言这仅是一本平凡的笔记本，但对小含来说是在失去对自己有特殊意义的东西时，感受到了在寻遍不获的焦急和自责下那期待有奇迹出现的心情，以及那份好心人送回后的感激！

"拾金不昧"是中华民族的传统美德，拾到别人遗失的东西主动上交，丢失东西的同学及时认领。这些内容都是我们行为养成教育的重要内容。为了让失物管理更精细，让学生养成拾物上交和及时认领的习惯，学生发展处专门在学校的家校大厅里设立了"爱心失物驿站"——学生上学放学的必经地，为学生提供拾物上交和失物认领的场所。

　　确定好固定的地点后，老师开展了如下工作：设置驿站的物品摆放规范。通过该规范，学生都知道了捡拾到他人的遗失物品后要主动送到爱心失物驿站，可是随着失物越来越多，校服、水杯、帽子、笔袋、手表也越来越多。驿站里被堆得像个垃圾场似的，需要后期再进行整理归类。汤老师组织举行"爱心失物驿站"宣传仪式，驿站负责人详细介绍了驿站中设置的小物品区、衣物区、球类区等，并要求学生捡到失物后进行分类放置，认领失物时轻拿轻放，自觉认领自己的失物，老师定期检查指导，帮忙整理，慢慢地驿站里的乱堆现象有了改观。

　　驿站里每天人来人往，没人管理可不行。于是"爱心失物驿站"开始招募志愿者。由学生自主申报，大家纷纷响应，争当驿站管理员。"爱心失物驿站"的小管理员要仔细认真（物品清点）、爱劳动（卫生清洁、衣物整理）、和善耐心等，经过招聘最终确定好管理员名单。汤老师给小志愿者们排好工作时间表，分配职责，讲解注意事项。小管理员们便开始正式轮流上岗了。为了让驿站工作更加规范化，特意制作了两本登记册，分别是"失物招领登记册"和"拾金不昧登记册"。送来失物的同学在《拾金不昧登记表》上写下自己的班级姓名和所捡物品名称等，领走失物的同学在《失物招领登记册》中签名和写下认领时间，由各班志愿者们每天对物品进行分类和归纳。这样做是为了让学生知道整理归纳也是一项生活技能。每次路过"失

场域篇

物招领处"都是分类有序整整齐齐的。同时营造出自动放、自觉领、自主管的良好氛围，让驿站成为校园里一道靓丽的风景线。

为了减少学生的物品遗失，驿站小志愿者们还专门组织开展了一场主题为"如何让失物减少"的头脑风暴讨论会，大家畅所欲言，积极讨论，最后罗列了一些温馨小提醒并进行推广：

（1）上学时，只带必要的用品，不带无关物品入校。

（2）保管好自己的物品，用完放回原处，不要随手乱放。

（3）个人物品做好标记、姓名班级标签，方便找回。

（4）放学离校前，要清点自己的物品，包括衣服、水杯、跳绳和各种学具等。

（5）发现自己的物品遗失时，要及时到"爱心失物驿站"寻找。

（6）培养勤俭节约的习惯，珍惜家长的劳动果实。

（7）在自己的物品上尽量贴上名字或者做好必要的标签。

小管理员将温馨提示贴在驿站门口，并利用红领巾广播进行宣传推广，得到了全校师生的认可。于是驿站的失物渐渐少了起来。捡来的失物也因为做上了班级姓名标记而很快找到了小主人。

勤俭节约是中华民族的传统美德。如果从根本上解决问题，除了这些温馨小提醒之外，培养让学生懂得珍惜物品、爱惜物品的意识更重要。学生发展处向全体学生发出了勤俭节约教育倡议，以制作微视频、演讲形式等呼吁学生做一个有礼有节、珍惜爱护物品、勤俭节约、拾金不昧的好少年！具体如下：

（1）学会珍惜物品。"谁知盘中餐，粒粒皆辛苦"，我们吃的、用的东西，都是人们用心血和汗水制造出来的，随便浪费是不尊重别人劳动的表现。

（2）学会正确保存物品。学习如何进行分类整理，学生在劳动课上学做物品收纳盒、学习收纳小技巧。东西用完及时归位，养成良好的生活习惯。

（3）不擅自拿别人的东西。养成不擅自拿别人东西的习惯，别人的东西需要得到他人许可后方能使用，使用后需及时将东西还给他人。

（4）家长要以身作则，做孩子的榜样。作为孩子的第一任老师，孩子的很多行为习惯，都是从父母身上学到的。如果父母平时花钱大手大脚，奢侈浪费，那么孩子也会像父母那样，什么都觉得无所谓，不懂得珍惜。学校通过家长会、推送的形式呼吁家长在日常生活中和孩子一起实践节俭的行为，用自己的言行去影响孩子。

　　前来认领失物的同学在"失物招领登记册"上记录了失主的信息，并真诚地在感谢卡上写下了对拾金不昧的同学诚挚的感谢留言："×××，谢谢你捡回了我的水杯，你真是个热心的人。"失物同学领取了自己遗失的100元钱后，兴奋地说："失物招领处真是太好了，谢谢驿站小志愿者们！""谢谢善良的××帮我找回了我的手表，真是太感谢她了！"看到这么多感谢的话语，汤老师特意在校园里开辟了一面感谢墙。一声声暖心话语，一张张感谢卡被张贴在了感谢墙上。这样的感谢卡越来越多，成了校园一道靓丽的风景，让学生常怀感恩之心，拥有一颗善良的心。学校还利用每周四中午的"红领巾广播站"平台对那些拾金不昧的"小雷锋"进行表扬，及时反馈校园正能量。

　　"爱心失物驿站"如今在校园里很有名气，已经成为我校行为习惯养成教育不可缺少的部分。失物同学一走进这个空间就能很快找到自己的物品，拾物的同学也能有个上交的场所了，不再是随便交到办公室或者据为己有。每天"爱心失物驿站"都会有小志愿者们对其进行归置整理，确保空间的整洁和美观，如有做着标志的衣物，小志愿者们会及时送到失主手上。"爱心失物驿站"的成立有效解决了学生捡到物品后的安置问题以及丢失物品后的寻找问题，不仅增强了学生的责任感和担当感，还让学生养成了拾金不昧、乐于助人的好习惯，形成了爱惜物品、诚实守信的好品德。而那一面贴满感谢的爱心墙，那一句句发自肺腑的暖心话语，更是成为学校靓丽的风景线，它教会学生要常怀一颗感恩之心。感恩身边的人、身边的事，从而做到"知恩于心，感恩于行"。

　　"爱心失物驿站"的宗旨是：送来的是他人的物品，储蓄的是高贵的品格，领走的是真诚的感谢，留下的是美好的心灵。丢失的东西及时找，捡到的东西及时交。小细节，大教育，"失物招领处"渗透的是"爱心和诚信"的教育思想，收获的是学生健康成长的阳光心态！

绿能驿站：不止于纸

为贯彻落实节约资源、保护环境的基本国策，践行社会主义核心价值观，我校开设了"绿能驿站"——垃圾精准回收处。由于学校里的垃圾主要以纸张为主，比如草稿纸、试卷、用完的练习纸、练习本等。为了更好地把这些以废纸张为主的垃圾精准回收，并且与学生真实的生活进行联系，使学生在体验中养成垃圾精准回收的习惯，学校大队部经前期策划，特开设了校园绿能驿站。

校园绿能驿站的功能类似社会上的废品收购站，是连接学校生活与社会生活的桥梁，我们的绿能驿站也模拟废品收购站的称重、价格确定设置，不同的是我们兑换的是其他物品而非金钱。

学校大队部通过固定地点的方法，让学生感受到学校里面有专门的场所，可以让他们进行垃圾的定点回收。同时，大队部还规定时间让学生先在班级里面对前期的纸张进行展平，整理后放入规定的纸箱。一系列的基本处理，学生学会了这一劳动技能，并且知道垃圾回收的基本方法，尤其是纸张。

为了增强仪式感，也为了确保每一个活动场所是面向每一个学生，确保学生的知晓率，校园绿能驿站的第1天营业，学校大队部就通过学校工作群告知每一位老师，尤其是班主任，使其明晰兑换的时间、地点、规则，以便在前期通过班主任的普及引导为兑换工作做好铺垫。

其实学生是非常愿意参与各种活动的，尤其这个活动是真实社会生活中存在的，也侧面反映了学生对于社会生活勇于探索和体验的精神，有渴望自己成长和被尊重的需要。午间，各班学生纷纷把自己班级的废纸张搬到了绿能驿站。大队部的汤老师和陈老师对每个班级的废纸张进行称重记录，然后通过不同的斤数给学生兑换学校的成长币和其他物品。各班的学生可以通过成长币到学校的成长驿站进行一个月的物品兑换。这样使学校的德育活动相互融合、相互联系，达到了德育活动一体化、闭环化的目的。

有一名三年级的学生在当天活动的日记里写道："原来我们学校还有专门回收纸张的地方呀！下次我再也不乱扔纸了，都把纸给摊平，还可以来这边一起回收。这就像我们家隔壁有个废品收购站一样，好玩、有意思。"大队部还倡导全校教师各自在办公室放置同样的废纸回收箱，定期到绿色驿站进行兑换。师生一起朝着同一个方向行动，这样的无声教育能带来最好的影响，切实让学生逐渐养成废物再循环使用的良好习惯。

随着人们环保意识的增强，从小培养学生的环保意识是学校不可推卸的责任。根据学生的年龄特点开展喜闻乐见的和现实生活相联系的纸张回收活动，能进一步提高学生对垃圾精准回收的认知和实践力。学校绿能驿站的开张更好地服务并落实垃圾精准投放。后期我们准备设计一个专门的固定场所，构建更真实化的废品收购站，推出更多的废品回收活动，让垃圾真正成为"放错了位置"的资源，也使学生切实养成垃圾回收这个受益终生的好习惯。

成长驿站：见证成长

校园最美的风景是成长。在我们学校，有一处学生一个月最向往去一次的地方，那就是位于一楼的成长驿站。

为了促进学生整体发展的评价思考，除了传统的纸笔测试、技能操作、活动评价等方式外，能否有一个学校一体化的评价体系，贯穿学生的在校学习生活？能否把评价本身也纳入学生的学习活动，使其成为学习性的评价，从而获得预期评价学习的效果呢？

在评价的过程中，我们也在思考"怎样建设学校的道德文化"的问题。从根本上说，就是对学校进行道德改造，形成一种促进教师、学生的道德人格以及组织本身的道德性不断向优秀方向发展的文化。让道德价值和道德追求成为学校文化的核心，使学校成为一个具有良好道德氛围的共同体。

我们看到有很多学校在班级管理中，代币制盛行，把行为习惯外显化，量化为各种积分，也许是有一定实际效果的，可这样的做法会不会把学生强制塞进我们成人设计好的道德框架中，塑造成我们成人希望的模样？或为了所谓的公平，从而破坏了学生自然的道德趋向，毁灭他们诚挚的道德情感？儿童表现出来，是不是真实的道德情况，也许是伪善，也许是虚假？儿童真正的德性是不是应该在愉快、欢乐、积极向上的教化体验中获得？

在对评价尤其是简单粗暴的积分评价对学生道德形成的影响进行辩证思考后，我们建设了一个学生评价活动交往的场所：成长驿站。参考学生在课程学习、礼仪交往、活动参与、习惯养成等方面的表现，教师通过成长币的发放，给予学生正面的鼓励、肯定。有三种颜色不同面值的成长币，记录着学生成长的足迹。他们把获得的成长币粘贴在"小镇学校记录本"中，每月可以到"成长驿站"兑换喜欢的学习用品、零食、各类活动券，并且成长驿站的经营组织由学校大队部负责落实，家委会志愿部协助参与，不涉及学生之间的比较，每个学生量力而行，对自己负责就好。

在成长驿站具体的开张活动过程中，其模式和社会上真实的超市、商店类似。有学生在家长的协助下进货、记账、销售、核对、盘货、出仓、整理，也有学生在大队部的指导下营销、算账、迎宾、维持秩序，所有的学习必然是为今后走向社会做准备。成长驿站成了学生交往生活的一个公共平台，不同年级段的学生也因此有了认识沟通的机会，这样看来成长驿站也是学生成长锻炼的好平台。

在成长驿站的运营过程中，学生会遇到各种各样的问题，而我们恰恰借用这个与真实社会类似的平台预演出他们在成长过程中的问题，当问题出现时，成人给予学生关怀性的回应，给学生及时的指导，与学生一起分析问题以及提出可能的解决方法，告诉学生一些过程性的事实，语气中不带丝毫的贬低。在一些小意外里，学生可以学到很宝贵的经验，成人给孩子最积极的影响，就会促进学生自信地成长走向社会。

成长驿站经营的过程中，我们也得到了热心家长的支持及赞助。班级家委会发起捐赠，家长匿名捐赠，志愿部家长定期进货帮助盘点指导，学生发展处慢慢设计出越来越多的活动券，让成长驿站的评价引发越来越多有意义的延伸活动，成为学生积极进取的动力。

成长驿站，见证了学生的成长，他们每天努力一点点，就会不断接近自己的梦想。成长驿站，带给学生欢乐，让他们品尝努力的果实。

场域篇

小小更衣间，学会保护自己

对于3～6岁的学龄前儿童，有些人认为这么小的孩子，只要保证他们的身体心理健康、帮助他们养成良好的习惯就足够了，对其进行性健康方面的教育似乎意义不大。其实不然，儿童天生对成人的身体充满好奇。四岁以后，作为父母、教师应对儿童进行认识和保护身体的教育，让儿童脱离原始欲望的满足状态，学习遵守成人社会的道德规范，这是儿童社会化的过程。

为此在我们学校的舞蹈室，除了常规的练舞镜子、杆子等配备外，还专门划出了一小块区域，设计了衣物橱柜、鞋子摆放区和更衣间，让参与舞蹈练习的孩子，在物化空间的使用中从小建立保护自己的身体尤其是隐私部位的意识。

学校和使用此功能教室的老师提前沟通，让老师对学生进行身体隐私的教育。比如老师直接讲述，向孩子传达："隐私，就是属于我们个人的、私下场合才可以谈论的事情，它既包括人们不愿告诉人或者不便告诉人的事情，也包括人们的身体不愿被他人看到、触摸到的部位，具有真实性和隐蔽性。"

结合小学生的年龄特点和认知规律，教师通过画图的方式教授低年龄段学生认识身体的隐私部位，事先准备好两张纸，分别画上一个男孩和一个女孩，用红笔标出男孩和女孩身体的隐私部位，穿着背心、裤衩的位置都是隐私部位，是不可以随便让别人看的，更不能随便让别人摸，帮助孩子建立身体隐私的概念。

其次我们要教育和引导学生尊重他人隐私。在知道了自己的隐私部位不能让别人看、触碰，同时，教师要告诉孩子尊重别人的隐私。在社会上，你时常看到妈妈带着儿子进女厕所方便，这是非常不文明、不尊重女性的行为，能理解母亲出于安全保护不得不这么做，但长此以往容易模糊孩子的性别认知，更有甚者不分男女，脱下裤子在路边小解，这做法不仅不文明，而且孩子会将这种行为打上"红勾"，认为这是正确、正常的事情，认为隐私部分是可以在公众场合暴露的。

回到我们的舞蹈房更衣室，我们要把对学生的教育贯彻在每一次日常行为习惯的培养中。特别要求教师必须有强烈的意识和落地的行动。例如，在学校舞蹈社团设立各类小岗位，在互相监督提醒中，让学生在每次练舞结束后养成自然而然的习惯。

我们通过使用更衣室中专门衣物柜，培养学生物品归位、及时整理等必要的劳动习惯、整理习惯和卫生习惯，尤其对于女孩子而言，这也是她们未来生活中的必备技能，没有真正的练习，光靠纸上谈兵，这样的学习是毫无效果的，学生也没有成就感。

虽然是不起眼的一个小小更衣室，但体现的是学校对每一个孩童的尊重和敬畏。我们成人总认为"孩子小，不懂，没关系"，但这恰恰是对儿童的不理解和不尊重。让学生正确地认识到，更好地培养学生保护自己、尊重他人的独立意识，我们教育者先要有意识地去做到。

场域篇

《哈利·波特》的穹顶图书

看过电影《哈利·波特》的人一定记得，通往霍格沃茨魔法学校的一个站台，在普通人眼中就是一堵墙。当真正的魔法师向墙冲过去就会穿越，到达九又四分之三车站，然后坐上5972火车，开往霍格沃茨魔法学校。如果你到了我们学校图书馆二楼，看到那高高的穹顶、枝形的吊灯、红色的墙、欧式的路灯、长长的木椅，你一定会觉得这番场景似曾相识。对，那就是九又四分之三车站的翻版。

在图书馆创设这样一个场景，不仅仅是为了激发学生的兴趣，更重要的是寓意着馆中的书籍犹如哈利·波特手中的魔法杖有着神奇的魔力，它们会引领来到这儿的每一个学生进入浩瀚的书海之中涵泳、获得、出神、入化……

这是一个与众不同的图书馆，它集馆藏与阅览于一身。我们给它命名为"书虫天地"。它是书的世界，也是"书虫"们的乐园。这个乐园从一楼到四楼，分成了不同的功能区，不同的功能区采用了不同的装饰风格。

一楼是"绘本区"。为方便小书虫们阅读，各种各样的绘本放在他们随手可以拿到的地方。朝东的落地窗前放着两张可爱的小桌子，桌上堆放了一些经典的绘本作品。每张小桌子配上四把小椅子，给一年级的学生坐刚刚好。学生坐在那里可以看一节课。西面靠墙砌了两层地台，地台上放了坐垫，坐垫与坐垫间也摆着各种绘本。西北角的墙体里挖出了几个小书架，一本立着的"大书"把这几个小书架包含起来，书架上陈列着学生爱看的《不一样的卡梅拉》（1～4季）。北面的墙前立着一棵"绘本树"，向四面伸展的树枝间也放上几十本绘本读物，看上去是多么"枝繁叶茂"。

绘本放得最多的地方是朝南的一排书架。这里的绘本是专供学校低年龄段"绘本社团"的成员上课用的，每一本绘本的复本量都在二十本以上（可以满足社团成员人手一本的需求）。每周一次的绘本社团课时，小团员们在老师的引导下，在绘本馆里共读一个个引人入胜的故事。

《好饿的小蛇》是每一届绘本社团的小团员们喜爱读的绘本故事。它的作者是日本著名的绘本作家宫西达也。这个故事的内容看起来很简单：一条好饿的小蛇扭来扭去散步的时候，发现了一个圆圆的苹果，"啊呜"真好吃；第二天，好饿的小蛇扭来扭去散步的时候，发现了一根黄色的香蕉，"啊呜"真好吃……第六天，好饿的小蛇扭来扭去散步的时候，发现了一棵结满红苹果的树，你猜猜好饿的小蛇会怎么样呢？还是"啊呜"真好吃！（一口吃掉了树上所有的苹果）这下这条小蛇终于不饿了，呼呼睡起大觉来。

阅读这本书会产生一种别样的体验：慢慢地从左往右翻（一般的书都是从右往左），一页又一页，一直到封底才看到故事的结局。在别样的翻阅中，小团员们明白了：阅读绘本时要细细关注每一页的图画和文字。同时那些装帧特别的书更是激发了小团员们的阅读兴趣。（这样装帧特别的绘本在图书馆内还不少呢！）

读完一个故事然后把它演出来，是绘本社团的活动之一。小团员们可以站在馆中央的圆形小舞台上尽情地表演。比如《好饿的小蛇》，往往由六个学生分饰六天的小蛇，其余的小朋友做旁白。在做旁白小朋友的叙述中，一条接一条的"小蛇"依次上台，扭着身子，然后张大嘴一口吞下想象中的美食。有的"小蛇"落落大方，表情到位；有的"小蛇"还很害羞，动作拘谨……对他们来说，每一次表演都是一次历练，在历练中学生越发喜欢读绘本故事了。

场域篇

在从一楼到二楼的楼梯旁立着二十几个大小一致色彩缤纷的书架，它们一个紧挨着一个，依着阶梯盘旋而上——这是图书馆"注音读物"区。这二十几个书架中摆放的都是注音读物，童话、科幻、寓言、神话、百科……应有尽有，基本符合低年龄段孩子的阅读水平。对于还没有办理借书证的一年级的学生，图书管理员会从这几个架子中为他们挑选一些书籍，以"集体借阅"的名义送到各个班级供他们阅读。而对那些已有了借书证的二三年级的学生来说，在这儿挑选几本心仪的图书也不是一件难事。

二楼是图书馆的主陈列区。这儿又划分为三个区域，特别开辟了一个"名家名著"区，其中陈列的一些名家名作都颇受三四年级学生的欢迎。另一个比较特别的区域是"影视厅"，它与二楼图书馆连通，学生可以在此观看一些与文学作品相关的影视作品，如《母鸡萝丝去散步》《冰雪奇缘》《长袜子皮皮》等，最近几年，影视作品已经成了学生课外阅读的有益补充。

随着新课程的推进，语文教学中越来越重视对学生阅读能力的培养和提高。统编语文教材将整本书的阅读编入教科书，设计了"和大人一起读"（一年级）、"我爱阅读"（二年级）、"快乐读书吧"（一至六年级）等栏目，有序安排整本书的阅读。因此，在二楼的图书馆内有一个专区，那儿陈列着"快乐读书吧"中提到的所有书：一年级的主要是"和大人一起读"的童谣和儿歌（各4册）；二年级的有《孤独的小螃蟹》《小鲤鱼跳龙门》《一只想飞的猫》等10本童话；三年级的有《安徒生童话》《稻草人》《格林童话》《中国古代寓言》《伊索寓言》《克雷洛夫寓言》等；四年级的有《中国古代神话》《希腊神话故事》《世界神话传说》《十万个为什么》《灰尘的旅行》等；五年级的有《中国民间故事》《非洲民间故事》《欧洲民间故事》《西游记》《三国演义》《水浒传》《红楼梦》等；六年级的有《童年》《小英雄雨来》《鲁滨孙漂流记》《骑鹅旅行记》《汤姆·索亚历险记》《爱丽丝漫游奇境》等，每一种书的复本量至少45本，可以大大满足老师们在班级内开展整本书的共读活动。

另外，学校从建校之初就非常重视建设书香校园，每年的四月份是学校的"读书月"。因此，图书馆管理员承担着为全校师生"荐书"的任务。这两年，在图书馆管理员金老师的牵头下，学校为各年级编印了《课外阅读地图》。在人手一册的《课外阅读地图》中，有根据本年段的要求推荐的共读书目和选读书目，其中"共读书目"中除教科书"快乐读书吧"推荐的书外，每个年段至少又补充了4~5本；"选读书目"则涵盖了"人文社科""自然科学""文学艺术""英文书籍"等类型。《课外阅读地图》是学生课外阅读的指引，每一本共读书目都设计了"阅读导引""阅读足迹""阅读回味""阅读总结"四个栏目。其中，"阅读导引"是对该书或作者的介绍，"阅读足迹"是阅读过程的记录，"阅读回味"是阅读所得的反思，

场域篇

"阅读总结"是对学生阅读该书的一个简单评价。

在二楼图书馆经常会听到这样的对话：

学生（班级图书管理员）："老师，我们来还书了。"（说着，捧着一大摞共读书进来了）

老师（校图书管理员）："好啊，点齐了吗？"

学生（班级图书管理员）："齐了。"

老师（校图书管理员）："看得够快的。"（一般半个月看完一本）"'阅读地图'册里的题目做了吗？"

学生（班级图书管理员）："做了，××老师（他们的语文老师）已经带领我们一起交流过了。老师，这回我们班借哪本书？"

老师（校图书管理员）："你们到E区（共读书籍陈列区）挑吧，挑好了来老师地方登记一下。"

学生（班级图书管理员）："好的。这次我们借《××》。"（登记完，两学生捧着一大摞书高高兴兴地往教室走去了）

图书馆的图书管理员不仅要为学生选书、荐书，而且要为老师们的专业成长、促进教学工作便利提供相应书籍。图书馆二楼与三楼之间的地方是"教师阅览区"，里面陈列与教师的专业成长、教育视野、核心素养、课堂教学等相关的各类书籍。"教天地人事，育生命自觉"，是我们建校之初就开始倡导的理念，《正面管教》《儿童立场》被放置在"教师阅览区"中醒目的位置，每一位新加入老师的专业阅读就从这两本书籍开始。意识决定着行动，只有理念对了，行动才会正确。

在阅读中成长，图书馆不断为师生的成长输送养分。校图书管理员面向教师、家长、学生，坚持不懈地推送"一月好书推荐"，在图书馆外开辟"这本书你读了吗？"栏目，将馆藏最新的图书信息告知全校师生及家长。

阿根廷作家博尔赫斯说："天堂应该是图书馆的模样。"这个几乎一辈子在图书馆度过的人，把图书馆当作自己的天堂。笔者想说，学校图书馆应该是"天堂"的模样。

音乐小舞台：以梦为马　画心为声

我们学校目前有三个音乐功能教室，因为上课的年级段学生不同，每个教室都进行了针对性的设计，除了体现学科特色的钢琴、各种小乐器、合唱台等外，每个音乐教室都有一个空出来的小舞台，供学生在课前的3～5分钟里轮流表演展示，我们称之为音乐小舞台。

通过每节常态音乐课上的小舞台，不仅可以让音乐老师发现班级学生的才艺专长，也让学生在课外学习的艺术技能有了展示平台。这对于小学生来说，得到同伴和老师的认可，会激发他们在课外更积极地学习。

我们学校有一年一度的校园才艺秀。学生报名或者教师推荐，音乐小舞台就是最初的人才发掘地。海选专场演出每天早晨准时在家长接待大厅开场，此

场域篇

时热闹非凡，演员们各展才能，投入表演，而在旁认真聆听的大众评审都在优美的乐曲中鼓掌祝贺，俨然成了孩子们上学路上的快乐瞬间。

声乐海选现场特别热闹非凡，来自各班的小歌手们在校园里各展其能，一秀歌喉，律动与节奏感瞬间点亮全场，明亮的歌声在现场上空回荡。有的自弹自唱，实力不俗；有的伴以极富节奏感的舞姿，把视听融为一体，为大众评审们带来一场视听盛宴。他们用不同的歌曲，演绎了心中同一个艺术梦想。

独奏的选手技艺娴熟，乐曲或婉转悠扬，或荡气回肠，尤其是架子鼓、钢琴和吉他，往往会带领同学们进入音乐的世界，体会音乐表达的情感。独舞风格各异，有别具风情的民族舞，有活力四射的街舞、爵士，生动活泼的表演散发着舞蹈独特的艺术魅力。老师们也都会参与其中——观看、鼓掌、投票，更是提升了学生的参与度。独唱、独奏、独舞称之为"三独"，从音乐教室的小舞台，到礼仪大厅的晨间舞台，最后到全校特意搭建在操场的个人才艺秀大舞台，舞台面积在扩大，观众人数在增多，学生展示的才艺水平也有大幅度提升，这就是学校里学生的成长律动的体现。

每次看到学生台上台下的互动，学校设计的每一处场景，因为用心而更显感动。这不仅仅是一个比赛现场，更是一个美育现场，活动中每一位学生都欣赏美、感受美、传递美。这源自我们一节节常态音乐课堂，源自每一位音乐老师对学生艺术的启蒙和激发。

信任篇

与家长对话

美国惠特曼说："有一个孩子每天向前走去，他看见最初的东西，他就变成那东西，那东西就变成了他的一部分。"学校与家庭教育，既一脉相承又各有祖师。作为校方，在引领家长成长、让家庭教育更有效地促进学校发展的时候，也要换位思考多倾听家长的真实声音和有效建议，理解不同层次的家长，不过高要求，不故意推脱责任。既有明确的界限又有相互理解，在与家长的交流中，少一份"教学之心"，多一份"关怀"之情，也许双方的合作会更加友善、平等、温暖。

爱Ta家长学校

每一所学校都有家委会，大多数由热心、用心、耐心的一群家长自主报名并经过班主任推荐，再经不同层面投票选举产生。在我们的调查统计中，发现小学家委会的大多数成员家长们，在幼儿园也是家委会的成员，他们本身对孩子的教育关注度高，家庭支持系统完备，家庭教育意识强。如何更大程度上让一部分优秀的家长领着更多的家长一起自我学习成长，更好地协助学校教育助力孩子成长，而不仅仅只有少数家长，这是在家校合作过程中笔者一直思考的问题。

作为一所新开办的公办学校，我们所处的地理位置是舟山小岛上的一块开发区。生源有一部分是来自岛上的原生态居民，还有因为工作原因搬迁过来的外地居民。在每一年的新生报到中，我们会发现：家长的学历从小学到博士不等；工种各种各样，差异大；籍贯也是来自全国各地；选择这所学校的目的也不一样；孩子们的学习起点、习惯、原生家庭等都不一样。

消除家长之间的隔阂，减少成人的偏见，发挥全体家长的力量智慧，真诚互助，共同进步是我们期待的家校文化。为此，在原先的家委会基础上，孩子入学后我们正式组建"家长学校"，起名"爱Ta家长学校"。这个"Ta"是一个广泛的虚指，包含着我们对教育一视同仁不分阶层的公平追求，也代表着我们成人宽广、包容的心将给孩子带来无声的教育影响。

"爱Ta家长学校"成立那天是我们的家长学堂课，笔者向全体家长介绍成立这个特殊学校的初衷、意义和做法，呼唤家长们陪伴孩子们上学，家长也有了一个全新的起点。但这个起点在哪里，我们在寻找的时候，有同伴支持，就会不一样。

通过梳理，"爱Ta家长学校"设立7个部门，分别是学习部、志愿部、劳动部、后勤部、组织部、文体部和宣传部。每个部门设立部长、副部长，

信任篇

明确分工，各个班级保证都有1名家长加入这7个部门，便于学校各部门活动组织落实到班级。7个部门的所有落脚点都是为了孩子的全面发展而服务，为孩子以后更稳健自信地走向社会而奠基，也能够让家长们在参与这7个部门的活动中和同伴结成联盟，分享交流育儿的各种经验和问题。我们这样做，想说——"牵手，家校联盟，打开校门办学校。"

"爱Ta"，赋能家长学校，是我们在不一样的家长中寻找到的共同点，是每一个父母对孩子的爱。没有一个家长会说，我不爱自己的孩子。我们都希望孩子在这个学校有好的学习、发展、成长。

爱孩子，不是如你所是，而是如他所是。我们要给予孩子的是支持、鼓励，为孩子提供好的环境、资源。所以我们要做好我们自己，不仅是在各自的工作岗位、家庭生活中，更是在孩子成长的学校生活里，尽己所能与他人合作。

"爱Ta家长学校"成立中我们一起宣誓：要求孩子做到的，自己首先要做到；自己做不到的，也不能要求孩子做。

每次回想大家铿锵的誓言，我都会感动不已。为了孩子，我们都会毫无保留地付出一切。但爱不仅仅是付出，是一场双向奔赴。对于孩子来说，童年是人生最美好纯粹的时光，拥有幸福、自由、安全的童年才有更宽广的未来。当我们闭上眼睛回忆自己的童年，也许有快乐，也许有悲伤痛苦。但是我们的童年已经一去不复返了。你希望自己孩子正经历的童年是怎样的呢？答案肯定是幸福快乐！这样的童年需要我们老师与家长共同支持创设。所以我们尽己所能赋能于每一个孩子，让长峙校区的每一个孩子都能找到自我发展的生长点，在校园内外提供各种各样适合年龄的活动去体验、感受、经历。让有限的校园有无限延续的可能，为孩子的一生蓄积力量，实现教育的终极目标。

打开校门，让家长走进学校，了解学校，才能实现家庭教育与学校教育目标的一致性，而当教育共同体中的所有人都有相同的目标与愿景时，家长必然会成为学校形象的维护者、品牌的宣传者、教学工作的监督者、质量提升的献策者和教育合力的凝聚者。

仪式感满满的家长学校7部门成立仪式，成为我们下一个学校家校合作更好的出发点。在孩子的学校、家长的学校共生中，我们统一的认识、坚定的行动、丰富的内涵、形成的文化，都化为家校共进的助燃剂，带领孩子实现童年的梦想。

家校公约　你我共维护

众所周知，家庭教育是学校教育和社会教育的基础，是终身的教育，开始于孩子的出生之日，在人的一生中起着固本的作用。家庭教育的特点是生活教育，其优势在于情感的发育、智慧的启迪、德行的养成和人格的培育，丰富的生活是家庭教育的主要途径。而学校教育是专业、正规的教育，其优势是它是知识与技能的教育，是公民素质的教育，是系统化、专业化的教育。家庭教育应该保持其独立性和优势，不能沦为学校教育的附庸；同时，家庭教育在最终目标上要与学校教育保持高度一致，要以家庭的直接知识丰富学校的间接知识，家庭生活检验着学校教育。

我们学校从办学以来，相当重视家校共同体的打造，秉持着学校教师、社会、家长、学生四位一体共成长的原则，努力建立家校共建下的教育共同体，让家长成为教育的同盟军。家长是学校教育的重要力量，如果能让共建达到一定层次，使得家长具有教育话语权，成为学校教育的宣传者、服务者，甚至管理者，并以优秀家长的示范来带动更多的家长，参与到学校教育中来，教育共同体的打造也不会成为空话。

为更好地激发广大家长参与学校教育教学活动的积极性、自觉性以及具有家校教育的边界感，在校家委会的倡议下，2019年由校家委会发起并起草，家校共同制定了《家长公约》。在第十六期家长学堂中举行了隆重的签名承诺仪式。此次"家校公约"制定、活动实施，充分相信家长的自我觉知力量和同伴影响，让家校双方在尊重理解之下自觉行动，为孩子们树立成人优秀示范，在潜移默化中实施家校共育。

家长学校代表陈姿伊爸爸从《家长公约》制定的原因、内容、意义三个方面作了介绍。他提到，家长的榜样力量对于孩子教育的重要性是《家长公约》制定的主要原因，并从"安全、沟通、言行、责任"等方面对《家长公约》

信任篇

的内容进行阐述。最后，他将家长公约概括为一种规则、承诺和指南，希望家长践行《家长公约》，争做合格甚至优秀的家长。

家长学校代表林宸瑶爸爸宣读《家长公约》，分为安全之约、沟通之约、言行之约、责任之约等4个部分，共22条细则。

1. 安全之约

（1）认真履行法定监护人职责，教给孩子安全常识和技能，监管安全行为。

（2）教导孩子记住自己家中亲戚或父母的电话号码，以备紧急联络之需。

（3）为安全起见，尽量不提前送孩子到校，不让孩子长时间单独滞留学校。

（4）低年级段孩子要求家长接送，委托他人或者孩子独自上下学需要签订安全协议。

（5）上课期间学校关闭，家长进入校园须先至保安室登记。学生若要离校，家长需先向班主任请假，并填写好离校通知单。

2. 沟通之约

（1）关注学校网站和微信公众号，了解学校的各类活动和通知。

（2）知道孩子就读班级和任课老师姓名。

（3）善用各种联络方式（如微信、QQ、电话等），与教师随时保持联络，共同指导孩子的行为习惯。不在群里发布与班级交流无关的内容，孩子的问题与教师当面或单独沟通，不要在群内群聊，以便教师有针对性地回复。有问题时，正面积极地与老师和学校沟通。

（4）留下家中、工作单位电话、地址及手机号码，以便学校遇紧急状况时联络使用。

（5）主动告知教师孩子的特殊需求，如特殊疾病，包括气喘、过敏、心脏疾病、视力不良等以及其他生活上注意事项。

（6）主动了解教师的班级管理方式，如作业、评价、请假、奖惩等方式。

3. 言行之约

（1）与教师谈话，先约定时间和地点，不能在上课期间进教室影响班级教学活动正常进行。

（2）家长应以身作则教育子女遵守各项校纪校规，尊重教师、同学和所有为学生成长付出辛勤劳动的保安、保洁员、餐厅员工、园丁等。

（3）会中家长手机调整为关机或静音状态，做到不讲话，不擅自离开座位，不迟到、早退。

（4）家长酗酒后禁止到校，禁止在校内吸烟。

（5）因事进入校园，语言举止文明，不大声喧闹。衣着不得体者严禁入内。

4. 责任之约

（1）积极参加学校安排的各项服务工作，争当家长志愿者。

（2）教师需要家长到校配合教育时，家长应及时配合。

（3）家长按时接送子女上下学，接送车辆要遵守交通规则和管理人员指挥有序停放，更不能擅自进入校园，确保校门口规范有序和学生安全。

（4）家长指导孩子每天穿规定校服，搭配适宜的鞋子、袜子，让孩子有团队归属感和仪式感。

（5）为孩子提供安静的学习环境和良好的家庭氛围。定期开展家庭读书日、分享日等活动，每天能够和孩子交流沟通。

（6）积极参加班级假日闲暇小队组织的各种活动，及时上传到班级微信后台，给孩子成长留下美好足迹和回忆。

一份家长公约，就是一份责任。确保安全第一，有事多加沟通，注重言行表率。在活动现场，当音乐响起，每一个家长上台在《家长公约》上签名的过程中，我们感受到了家校共育的力量。

信任篇

著名教育家陶西平曾说："学校教育如果不与家庭、社会教育相结合，学校教育就显得苍白无力。"良好的家校合作氛围能够有效地促进家校合作，从而使教育事半功倍。和谐的家校联系对于学校工作的开展尤为重要，营造一个良好的家校关系，就能使教育更成熟、更理智，方向更明确，效率更显著。无疑《家校公约》就是一份最好的家校美好之约、自觉之约和期待之约。

相约星期二：悦来家长学堂

"近者悦，远者来。"在每个月最后一周的周二晚上，我们学校总会灯火通明，敞开校门欢迎各位家长来到学校，参加一月一期的家长学堂。

学校新办，只有一届家长，偌大的报告厅绰绰有余。慢慢学生多了，报告厅容纳不了，我们就采用了年级段错时召开的方式，分主题，更有针对性。后疫情阶段，从安全角度考虑，对于超过50人以上的会议有报备需求，充分借助线上教学的平台，我们的家长会采用"云上课堂"，隔离不隔爱，也坚持每月一次。

每次家长学堂，我们总怀着一份传递好的理念、分享身边感人的故事、扩大优秀的做法的心愿，班主任在班级群提早发送家长学堂的海报，让家长们"相约星期二，一起上学堂"。

在一次次的家长学堂中，我们总是基于当下学校教育的现状、家长最关

信任篇

心最需求的主题内容、上级教育行政部门的要求、不同年龄段孩子的成长规律、教育教学理念和规律的普及，由笔者自己、学校老师、社会力量、家长资源等组成讲师团，多形式地开展。

家长学堂一般每次持续时长为一个半小时，迄今为止已经进行了三十二次。笔者相信，能够随着孩子入学，每期坚持参加家长学堂的家长，对学校的感受、对活动的认知理解和对孩子成长教育过程中的支持与爱是完全不一样的。

我们的家长学堂内容从学校办学理念、课程设置、学校活动、读书案例、双减政策、托管课程、五育并举、亲子关系、闲暇小队活动等多角度地展开，邀请的嘉宾还会从学科教学、习惯养成、心理健康、爱眼防近等方面阐述，目的是让家长了解学校教育，更好地协助与支持孩子成长，除了感受到血缘自然之爱，更多的是让孩子感受到理性科学之爱。

除了学校层面的家长学堂外，一般我们预留半个小时左右的时间进行班级层面的家校沟通。除了班主任，所有学科任课教师都参与，帮助家长对学校的课程做到基本了解、全面关注，多角度地听取任课教师的信息反馈，也是学科共同育人的良好途径。

在坚持做好每一期家长学堂的过程中，我们也发现存在的一个较大问题——少部分家长没有及时参与进来或者参与不认真，而从孩子在校的表现看部分家长却是最需要接受家长学堂学习的。针对现状，我们采用设置"孩子来当监督评价员"的小妙招，在每一期家长学堂反馈单上有家长对活动的评价，以便学校充分听取意见后能够后期改进，同时为了实现角色互换，设置了孩子对父母收听家长学堂的星级评价栏目。从问卷调查表的反馈和孩子的评价反馈中，我们深深地感受到"转变思路"充分尊重孩子主体性后带来的教育活动赋能化。有家长在留言中感慨："原来孩子们是多么希望父母能够学习""平时我们对孩子严格要求，现在他们反过来也这样要求我们做到""被监督后确实感觉到父母榜样的重要性，说到更要做到"……

在学校的常规活动中，我们往往会陷入多做久做、流于形式化的地步，这恰恰是对教育者教育初心的考验。家长学堂这一家校互动沟通共进的平台，不是学校教育中的主舞台，却在看不见的地方发挥着作用。

一颗核桃仁　一程书香路

　　幸福的人生意味着拥有爱、温暖和亲密的关系，父母陪伴孩子一起长大，才有机会建立起爱、温暖和亲密的关系。成长是一辈子的主题，尤其在成为父母之后，肩负的责任与爱更多。如何作为更好的父母和大人？唯有不断学习。这是笔者一直坚定不移的一个信念。为此，在学校办学的第一年，我们就成立了读书会，采用线上线下学习交流形式。一个月一次碰面，固定在月底的周五晚上。

　　一开始每个班级自主报名，35名家长是首批读书会成员，其实正常参加活动的估计是20名。每月推荐一本共读书目，也有会员之间的常态分享。罗列出来，开展过《小王子》《好妈妈胜过好老师》《怎么说孩子才会听怎么听孩子才会说》《正面管教》《日本国立小学365天》《运动改变大脑》《终身成长》等书的交流，还把读书心得以电子报刊的形式分享。班级中读书会里的家长把自己的读书心得分享到班级中，多多少少能够影响一些。除了家长共读交流外，我们还邀请家长读书会成员在读书月里和孩子们分享自己小时候的读书故事，拉近和孩子之间的距离，营造了亲子共读的氛围。但是由于笔者自己周末晚上要回镇海陪儿子，家长读书会在第三年就断了。一次和华涵易的爸爸交流，得知华爸爸是海大博雅读书会的发起者，又有经验，我们决定就在今年重启读书会。

　　重新出发，是在"双减"之下我们越来越感觉到家长自我学习成长对孩子的重要影响。而营造良好的书香家庭、书香校园，需要言传身教，需要同伴间创设良好的氛围去驱动感染身边更多的人。

　　为了给重启后的读书会一个仪式，也为了体现我们重来"向前更好"的决心，在经过前期我、华爸爸和学校教学管理处副主任陈玲艳老师等多次策划准备后，3月18日晚，由学生家长自发成立的家长读书会"南海实验学校长

信任篇

崎小学校区核桃仁读书会"举行简单却意义深刻的启动仪式。这个鼓励全体家长参与、由学校老师担任指导和顾问、由各班联络员进行细节执行的家长读书会，将是引领学校家长好好阅读的重要帮手。

人的创意很多时候往往来自休闲放松时刻。"核桃仁"读书会的名字是笔者在剥一个晚上小核桃后想到的。一是核桃仁的形象好似人的大脑，而阅读就是补脑，令人聪慧；二是"核桃仁"是一种簇聚结构，以大带小，譬喻亲子阅读，也可以泛指一群热爱阅读的人聚集在一起；三是核桃质地坚硬，难以开启，比喻读书是一个艰难的过程，但是仍需要不懈努力去打开，从难到易，从生到熟；四是核桃营养丰富，绿色健康，比喻读书有益身心；五是暗喻核桃读书法，读书需要脱壳去壳，取其精华；六是舟山不种植核桃，比喻阅读要广泛接纳新事物，为己所用，补己所缺；七是"核桃仁"中的"仁"在《论语》这部伟大的经典中，集中体现着孔子学说的最高理想境界和儒家学说的思想核心："仁者爱人""克己复礼"为仁，"孝悌也者，其为仁之本与"等。仁的核心是爱人。仁字从人从二，也就是人们互存、互助、互爱的意思，这也是我们读书会追求的以书为载体，共达爱人爱己。

启动仪式由校家委会学习部长，"核桃仁"读书会副会长，一（1）班张耀尹妈妈主持。会长华爸爸和我一起为"核桃仁读书会"牌匾揭幕。虞副校长为读书会骨干成员颁发聘书。现场活动中，最有感触的是读书会的家长们自发筹集了《正面管教》一书，摆出了好看造型，让会场顿时充满书香。

笔者向家长们介绍学校在推进《正面管教》教育中的做法，从教室的布置等物化场景，到开展"正面管教"主题的微班会，再到对教师进行的相关培训，学校都体现了"正面管教"的痕迹。我们共同认为看完书要学会运用，将方法运到教育实践中，通过交流，分享实践经验，读、学、用有效结合方为"读书读到家"。

各班级的家长读书会成员代表班级阅读联络员基于自己的阅读体验发表各自的感言，大家都表示，家长读书会的重新举办，是促使家长成为学习型家长的有力辅助，也是言传身教的极佳体现，更是家校合作的美好一程。

一学期中，"核桃仁"读书会为了完成重点阅读一本书的活动计划，每月坚持开展各种读书活动，4月华爸爸通过线上分享开展《正面管教》导读讲座。以黎巴嫩作家纪伯伦的诗歌《你的孩子其实不是你的孩子》和胡适的《写给儿子的一封信》作为导入，引导家长们要转

变观念，以独立、平等、尊重和信任的态度去对待孩子，从而给予孩子真正富有爱的教育。之后华老师先后以三位著名心理学家对爱的理解来阐释这种爱，并引用《自卑与超越》这本书作者的观点，强调尊重与合作在家庭教育中的重要性。对于如何做到"和善而坚定"这个正面管教的核心要求，华爸爸建议父母要注重自我的学习，提升自我，然后做到以理化情。

读书会上，在家长主持义工的引导下，家长们进行了一场别出心裁的读书交流体验，利用一个抽卡游戏，根据抽到的"忍耐""气势""真诚""坚定"等，来谈谈自己在教育中对于这些词语的理解。

第二轮，是让家长在词卡上写下自己在大半个月的阅读中，对《正面管教》最大的感触，用一个词来形容，然后也写在词卡上。家长们细细思索，根据自己写下的词语来说说自己在阅读后，对亲子教育新的理解，以及自己在最近一段时间的实践和改变。每个家长都能积极参与，分享自己的所感所读，在轻松的氛围中，家长们分享着《正面管教》的教育理念，在分享中学习着优秀的亲子教育经验。

学校读书会活动引起了《舟山晚报》的关注，对此进行专门报道，认为这种自发的有益教育的家长读书会值得推广。

五月感恩在心，20余对家长和孩子沉浸在一片爱的海洋中，通过真挚的话语、深情的拥抱以及特殊的礼物，相互表达着感恩之情。这是由"核桃仁"读书会举办的主题为"感恩在五月，倾听爱的声音"的《正面管教》亲子教育案例分享会。无论是"蒙眼找妈妈（爸爸）"这个轻松有爱的小游戏，还是对"感恩——爱就要大声说出来"的表达，读书会不仅营造了家庭

信任篇

阅读氛围，更在线下活动中帮助拉近亲子距离，延长了家长们阅读半径，增加了实践的多圆点，处处洋溢着暖心的爱意。

"核桃仁"读书会的故事还有很多，也许这些读书的故事和我们的课程教材无关，却用强大的力量推动着我们学校在家校建设上朝着文化沉淀、品质影响的方向发展。阅读带给人成长的力量，在阅读中浸润的孩子和家长将拥有一段更美好的亲子关系。

闪亮夜跑团

—— 爱Ta，就陪Ta一起跑步吧！

在全面落实"双减"政策和实施《中华人民共和国家庭教育促进法》的背景下，家庭教育重新回归大众视野，并上升到新的高度。为了增强家长的家庭教育意识与能力，为孩子树立一个言传身教的示范榜样，促进家校教育一体化，前期和校家委会商议成立了爱"Ta"亲子跑团。

爱"Ta"亲子跑团是学校家委会文体部领导下的家长自治组织，由学校教师担任跑团顾问。跑团面向学校全体家长招募跑友和志愿者，相约在每个星期三晚上的19：00—20：00，以如心绿道（5千米）为路线，并为完成者颁发一枚"毅行币"。到目前为止，共有300余组家庭报名跑团，也涌现出一批热心家长担任志愿者。

这学期三月份我们举行了爱"Ta"亲子跑团首次正式开跑仪式。18：30，家长和孩子们早早地聚集在家长接待大厅，到19：00，跑团现场已有200多名学生、家长和教师汇聚，期待开跑。

对于笔者这样一个"跑步渣渣"来说，五千米的路程是一个巨大挑战，但是当笔者向全体家长表达了爱"Ta"亲子跑团成立的初衷，希望家长和孩子们在跑团活动中强健体魄，促进亲子关系，并向家长们呼吁"爱Ta，就陪Ta一起跑步吧！"时，笔者也是给自己下了一道"通牒"：身体力行挑战五千米。

在授亲子跑团旗帜仪式结束后，做好跑前热身，随着发令枪响，爱"Ta"亲子跑团正式开跑，笔者和200余名跑友陆续出发。沿着林荫步道、如

信任篇

心驿站、踏浪步道，穿过彩虹栏杆、"渔民画"墙绘、香樟湖广场，在欣赏沿途风景和跑友的陪伴中，笔者竟然也跑完了。

在很多家长教师的朋友圈中，大家都感慨爱"Ta"亲子跑团第一次开跑的日子，在心里也留下了很多不一样的第一次。第一次发现自己能跑完5千米、第一次发现有如此美的绿道、第一次和孩子一起长跑、第一次发现孩子的体能这么好、第一次发现跑得没有自己孩子快……这仅仅是第一次，我们希望在家长与孩子的相处中，能有无数第一次和更多次的发现，感受孩子的成长。

一学期跑团除了天气原因取消"夜跑"，大家都互相鼓励不断坚持。我们梳理了学校层面组织这样的活动意义和背景，是双减政策出台后，明确提出学校要确保小学一、二年级不布置家庭书面作业，小学三至六年级书面作业平均完成时间不超过60分钟，并且教师要指导小学生在校内基本完成书面作业。那么，在放学后的课余时间，会出现很大一部分时间是空白的，这为将学校体育延伸到家庭提供了契机。文件中也提到学校和家长要引导学生在放学回家后科学利用课余时间，开展适宜的体育锻炼。此外，为响应双减政策要求，《中华人民共和家庭教育促进法》出台并规定，要畅通学校家庭沟通渠道，促进学校教育和家庭教育相互配合，提到父母要实施家庭教育，亲子养育，加强陪伴；共同参与，发挥父母双方作用等。爱"Ta"亲子跑团的实践探索，正是为了弥补"双减"后课余时间的空白，从而保证学生能进行一小时校外体育锻炼，在锻炼的过程中，增进亲子关系，增强家长的家庭教育意识。

经过我们的梳理，爱"Ta"亲子跑团有这样的特色做法与经验：

第一，定义跑团性质，赋予活动自主性。爱"Ta"亲子跑团在成立之初，是由学校家委会主动倡议提出的活动组织，但是，在组织过程中离不开家校双方的合力。在讨论爱"Ta"亲子跑团的性质定义时，学校希望能够发挥跑团的生命力，赋予了跑团极大的自主性，将跑团定义为自治组织。因此，爱"Ta"亲子跑团是在家委会领导下的家长自治组织，由家委会文体部负责指导，由学校担任跑团顾问。

第二，制定跑团路线，确保活动安全性。跑团的参与对象为学校全体学生和家长，存在年龄跨度大的问题，不同年龄阶段的跑者有着不同的运动负荷，跑团路线的距离设置不宜过长或过短，要保证每个跑者在安全的前提下，都能得到适宜的运动负荷。跑团路线设置在校外，交通安全也成为需要考虑的因素，路线制定尽量避开交通路口，沿途照明要充足。在多条路线的选择中，确定了五千米的如心绿道作为路线，并拍摄了路线示意视频，供跑者提前熟悉路线，确保活动安全。

第三，统一跑团服装，塑造活动形象。爱"Ta"亲子跑团活动的组建得到了广大家长的欢迎，活动发布不到24小时，已经有300余组家庭报名，面对如此庞大的参与群体和高涨的活动热情，校家委会在征得跑者意见后，决定统一购买跑团服装，提高跑团的形象，从而增强活动带来的归属感，并在服装正面印上了校徽，在背面印上了跑团名称。

信任篇

正面（FRONT）　　衣服颜色 湖蓝　　背面（BACK）

第四，明确跑团时间，保证活动规范性。在跑团筹备会议上，对于跑团时间的确定，也是一个重点讨论的话题。跑团组织的频率以及活动的时间，是一个月一次，一周一次，还是一周两次？又安排到星期几进行？考虑到要保证活动参与的次数且不能造成太大的负担，决定每周组织一次，且时间选择在每个星期的中段——星期三，具体时间定在晚上7点至8点。如遇到雨雪雷电等恶劣天气时，跑团活动顺延或暂停，由家委会文体部部长在跑团群内通知。固定的跑团时间和特定的负责人员，保证了活动的规范性。

第五，招募跑团志愿者，维持活动延续性。爱"Ta"亲子跑团是一个长期存在的，且由家长内部自我管理、自我服务的自治组织。正是由于跑团组织的业余性、非正式性和参与人员的不确定性，活动组织依靠固定的人员去服务和管理，很难长期维持下去。基于以上考虑，在跑团群内发出了志愿者招募通知并将长期招募志愿者，根据志愿者报名情况，按照岗位需要安排任务，如全体志愿者18：30到达学校门口，布置场地；在18：55组织热身活动，并在19：00发令开跑；一组志愿者在跑团路线经过的路口执勤到20：20，返回学校整理场地；另一组志愿者执勤到20：10，结束志愿活动。每个志愿者在一个月内安排不超过一次的志愿时间，从而维持了活动的延续性。家委会文体部每周安排一名家委成员值班，指导并协助跑团活动的顺利开展。

第六，实施跑团评价，促进活动参与性。"毅行活动"源自香港，指活动中每个参赛者必须以自己的小组为单位，全组共进退进行活动。跑团是以家庭为单位的活动，跑团理念与毅行精神相符，都是以小组为单位的团队活动，因此引入"毅行"一词，取名毅行币，完成活动的家庭可以获得一枚毅行币。在一个阶段后，每个家庭可以凭借毅行币参加由学校、家委会组织的观影及礼物兑换等活动。此外，在跑团终点处设置了能量加油站，备有巧克力、饼干等，为前四十组完成活动的家庭提供能量补充。以完成活动为标准的绝对评价和以竞赛名次为标准的相对评价，参与性与竞争性并存，使每个家庭都能得到公平合理的评价，进一步促进了活动的趣味性和参与性。

爱"Ta"亲子跑团的顺利开展，需要家、校、社三方联动，同时也为三方带来了一定成效和社会影响。"双减"后，亲子间得以有时间参与跑团活动，众多家长表示与孩子在参与爱"Ta"亲子跑团活动的过程中，感受到了孩子的成长。反之，孩子也在感受家长的爱。每周一次五千米的跑团活动，是对学生体质健康水平的考验。在持续参与跑团活动的过程中，每个学生也渐渐适应了五千米的运动负荷。更重要的是，跑团活动营造了体育锻炼的氛围，越来越多的学生在跑团活动之外，参与到体育锻炼中去，进而也涌现出了一大批爱好体育的学生，大大提高了学生体质健康水平。

闪亮夜跑团，穿着统一印刻着校徽与跑团名称的服装，浩浩荡荡地在如心绿道上奔跑，成了一道亮丽的风景线，同时是一块移动的宣传板。在参与活动后，家长们纷纷转发学校公众号的跑团通信，在朋友圈为跑团点赞、评论，为学校带来了正面的社会影响。与此同时，浙江教育报、舟山教育也纷纷报道了我校爱"Ta"亲子跑团活动，让校园风景在社区、社会上传播。

信任篇

与教师对话

于漪教授说过，教师要有两把尺子时刻放在心中，一把量人所长，一把量己所短。我们每天和形形色色的儿童打交道，有时候就要变成儿童，才能读懂儿童。当教师，当一辈子的教师，需要不断实现自我成长，方能成全他人。一位教师只有具有童心，才能永远年轻，让自我心灵的成长先于教育教学"术"的学习，成为自觉的开悟者，在眼里和心里看到一个个活泼泼的有个性的、未来的国家建设者和接班人。选择教师这一职业，就是选择一种不同的生活方式：教育生活。

首席导师，倡导专业引领

学校的发展需要教师的发展来推动，而我校新老教师组合，骨干引领下的教师团队文化和专业建设，需要抱团取暖、互相借力、共同支撑。面对我们这所人均年龄31岁、年轻教师比例高达65%的新校区，想要在较短时间内实现学校的平稳发展，急需校内教师开展自我培养、一点多面式帮扶。

庆幸的是，短短五年时间内，我们建立和强化教师专业发展，在教研组、年级段、学科大组等不同层面上，推进"一基、二线、三分、四形、五常"专业共同体学习范式。"一基"为目标导向，基于教师专业发展基础上的学生、学校可持续发展；"二线"为学习途经路线，明线为学校层面的系列业务学习培训活动，暗线为教师自我的联系实际内化、建构应用学习；"三分"为学习进程，按照学期的学习计划分步骤、分层次、分模块开展；"四形"为学习形式，以追根溯源个体啃读原著、以积少成多集体浏览分享、以线上讲座分享自主学习、以案例撰写理论结合实践多种形式推进；"五常"为日常结合点，做好每日教学常规、开展每周集体备课、隔周教师湖畔论坛、每月校本研训、每学期主题汇报。

在上述教师专业共同体范式构建中，我们采用了"首席导师"制，激励学校优秀教师在学科教学上引领示范，在教师心灵成长上弘扬正能量，调动全校广大教师工作的积极性，全面提升学校的教育教学质量。

根据学校制订的首席导师评比方案，首轮学校首席导师为沈建红、金红月，两位作为资深的语文高级教师，她们不仅仅在专业上有实力，更是在为师之路上有自己的坚守和追求，纯粹简单又自由独立。

两位导师不仅仅在教育教学一线带领团队研究低段语文"识字先行，计算机打字辅助拼音教学"和中高段的"大量阅读自由写作"，还开展形式多样的"1+N"师徒结对帮扶活动。她们完全有资格拒绝再做一些"别出心裁"

信任篇

的"科研"，只要安安静静把书教好就行，但是两位首席导师在学校语文团队专业化发展过程中，始终走在前列，在一线教研。学校青年教师谁要去上比赛课、展示课，谁要去讲座发言，谁要去汇报展示，她们都是强有力的智囊团、支持者，双休夜晚，结伴同行。

不仅如此，两位首席导师还自我加压。在图书馆的宣传墙制作、学校自编的《课外阅读地图》手册制作、每月一期的"好书推荐"、一学期学校图书馆最佳管理员评选、读者评比等展示评价活动中，营造着书香校园，推动着学校师生的阅读。

笔者多次参加我校承办的语文大型活动，两位首席导师在方案策划、活动组织、实施指导、复盘反思、事无巨细中精益求精地躬身入局，才有了学校五年沉淀下的语文学科课题研究作为个体成长的基石。学生的全校语文学科综合活动——汉字大会、诗词大赛、小小讲书人，每年一届，每届都有新创新，给学生的语文学习带来了开放、灵动又传统浸润的元素。

我们始终相信，遇到的各种问题是真实助推教师个人及学校发展的外动力，而教师团队自我主动的改变是发展的内动力。首席导师在具体实施工作的过程中，她们也会有问题、困难和苦恼，但她们从来都是用积极的心态和行动去解决，不抱怨、不推诿。渐渐地，年轻的教师看在眼里，感激在心里，学在行动里。他们生发出"我也想成为首席导师"这样的愿望，渐渐形成学校教师团队"互相砥砺的精神同道"面貌。

笔者又想起尊敬的于漪老师说过，"与其说我是一名教师，不如说，我一辈子都在学做教师"。她真正将"活到老，学到老"付诸了实践。她说："选择了教师，就选择了高尚；选择了教师，就选择了理想。"我们学校倡导做专业教师，做首席教师，也是在倡导一种生生不息的、教师自我革命的、永远追求、不懈怠的自觉精神，并慢慢成为纯粹、干净、高尚的教师团队文化。

三师制，助青年教师快速融入团队

依托南海教育集团强大的办学力量和品牌影响力，学校以"教天地人事，育生命自觉"为办学理念，以培养"温暖良善、敏学善思、担当有为"的学生为目标，努力打造一所受人尊重与向往的新区新优质学校。在这个过程中，每学年都会分配新的教师，尤其是前六年，基本上每年都有10人以上没有教学经验的新毕业大学生充实到我们的教师队伍中。欲实现学校的发展，教师队伍建设是刻不容缓的首要工作。青年教师是学校的主力军，是学校未来发展的希望。面对这样的现实与挑战，如何开展青年教师培养工作，实施优质教育，进而推进现代化学校的建设，实现新优质学校的目标呢？毋庸置疑，学校的教师队伍建设应紧紧围绕对青年教师的培养，尤其是青年骨干教师的培养。为促进学校青年教师的成长，快速融入团队，并在团队中发挥自己"学科+特长"的优势，我们尝试推出了"三师制"青年新教师的培养模式。

"三师制"是指学校为每一位青年教师指定三名教师为导师。三名导师分别是一名学科导师，一名德育导师，还有一名行政管理岗位的见习导师。三名导师分别指导教师成长的三个方向，引领青年教师更快更好地实现在学科专业化和班主任专业化的成长，也能让青年教师尽快熟悉学校部门的某些管理事务，更多地和学校其他教职工打交道，快速融入学校工作环境，并发挥出自己除学科专业之外的其他特长。

在学科教学中，由教学管理处指定骨干教师为指导导师，与青年教师结成"一对一"的师徒帮带关系。指导导师要指导青年教师树立先进的教育理念，全程指导常规教学的各个环节，包括教学计划的制订及总结的书写，备课及教案书写，作业批阅及学生学习评价，课堂教学过程的指导（说课、跟踪听课、评课、教学反思）。学科师徒间要交互式听课，即每周至少同备

信任篇

一节课，先听指导教师上课，再请指导教师听自己上课，即互听一节；每周指导教师检查一次青年教师教学设计；每学年青年教师在指导教师指导下写至少一篇教学论文；以师徒结对活动手册为载体记录活动情况，期末上交手册；每学期进行一次师徒结对考核。

在教育工作中，由学生管理处指定有经验的班主任，与青年教师结成师徒帮带关系，让青年教师担任见习班主任。指导导师应指导青年教师参与班主任的各项工作，使青年教师尽快适应管理中的各项工作（包括班级工作的计划和总结的书写、组织学生开班队会、正确与学生谈话的方法、组织学生进行课外活动、组织学生进行早锻炼等），帮助青年教师不断提高管理水平。

在行政管理岗位见习的青年教师，要积极协助行政领导做好相应的管理工作，熟悉该岗位的工作思路和流程，积极参与部门工作，尽自己所能为见习部门出谋划策，为以后能承担一定的管理工作打好基础。

经过五年的实践，我校充分发挥教学经验丰富教师的示范作用与骨干教师的传、帮、带作用，利用"三师制"的模式加大了对青年教师的全方位培养力度，帮助青年教师不断提高教育教学水平、教科研意识和管理能力。让所有的学科专任教师能胜任专科教学，向着一专多能的教师专业发展方向发展。给青年教师压担子、找路子，一部分青年教师在熟悉学校各项工作的过程中脱颖而出，催生出学校新的青年骨干教师。五年来，已有多位青年教师被评为市属优秀青年教师、教学新苗，多位青年教师在教学技能比赛、课堂教学比武、教学论文评比等各类业务比赛中获奖，还有四位青年教师已走上了学校行政岗位，在学校的重要部门参与管理工作。

青年教师是学校的生力军，学校搭建成长平台，加大青年教师全面素质的培养力度，为青年教师成长铺路搭桥。青年教师参与学校民主管理，发挥教师的主人翁意识和地位，促进我校青年教师整体素质的优化，也让我们新创办的学校在平稳发展中实现可持续发展并期待后续的教学骨干与管理骨干输出，为舟山教育发展贡献着我们长峙校区的力量。

物有甘苦，尝之者识；道有夷险，履之者知。

信任篇

微活动促教师专业发展及团队打造应用实践

——以"我有一个问题"活动为例

当前学校在"双减"效果影响下，教师在校时间延长而个体自主闲暇及团队公共时间短缺，导致教师团队成员之间沟通少、教师研修氛围不足及个体创造性活动减少。而恰恰双减之后学校所面临的问题和需要解决的事情多了，这更是对教师全面的工作能力素养提出的高要求，也是对教师的初心职业认同归属感的考验。教师除了必要的课堂教学能力外，还要有和学生、家长沟通交流对话的能力，需要有与同事、不同组织（教研组、年级段、青年团、项目组）之间的合作能力，不断赋能自我的学科钻研学习能力。在此背景下，势必呼唤有更高效便捷的载体和活动方式来组织与提升教师专业发展，整体提升教师的素养适应当前学校改革所需。

1. "我有一个问题"微活动产生的背景

大部分教师在这样的工作场景时间轴中，都会遇到各种各样的问题，网络查找、阅读书籍、向自己的指导教师请教、培训学习等都是不错的途径，但也存在互动单一、时效性差或者匹配不强等缺陷。陈立群校长曾说："教育最为本源的动力还是情感驱动，人生因缘而聚，因情而暖。"

微活动受互联网时代中微博、微信等自媒体启发，发生在同校（同单位）相关的人员间，利用日常碎片化时间，在总体策划方案的指导下，开展基于校情的各种教师研训学习交流活动。微活动以"小切口""常态化""互动强""平等性""有创意"而受教师欢迎，激发教师内在学习动力，增加团队同事人与人之间的黏合度，成为我校教师团队建设的法宝之一。

"我有一个问题"微活动，恰恰从尊重教师个体的独特性出发，基于学校倡导的"在一起做自己，有梦想去远方"的校风，从内在激发每个人的主体性，主动提出相关有价值、可讨论、现实性的教育教学、管理、学生培养等问题。借助学校的公共平台，请相关教师进行互助解答。"我有一个问题"微活动强调教师团队自治自管，尤其鼓励青年教师更多地参与到学校管理中来，为学校献计献策。微活动引导教师关注自我发展的需求，会整合周围教师的资源为我所用，既形成教师之间尊重信任、互帮互助的平等首席文化，又从提高认识、落地实践、再提高认知的过程和一次次行动研究中打造高效能、专业的教师团队。

2. "我有一个问题"微活动设计及实施

"我有一个问题"微活动是以解决现实问题为目标的教师个体自主发展行动研究，借助学校现有的"微信夸夸群"平台，以青年教师轮流自主提问为形式，"@你想请教的同事来回答你的疑问"。提问者根据回答的问题，结合实际开展实践，切实提升自身的教育行动研究能力与实践能力。

3. "我有一个问题"开展过程

（1）搭建平台，不断迭代。学校现有的学校教师交流群"微信夸夸群"平台，充分利用微信平台自主便捷的互动交流功能，方便教师提问和回答。为防止信息流失，我们又专门在此基础上，通过学校的钉钉后台"管理系统"，搭建"我有一个问题"学习专题平台，在原先互动交流的基础上，能够对提问和回答系统内的信息进行整理，不被刷屏且能够查找方便，实现平台2.0升级。

（2）专人管理，主流引导。微活动采用专项专人负责制管理，具体由学校青年团承担。开学初把该活动纳入学校教师队伍建设目标中，设计了"每日一问"安排表，保障每位教师无论是主动还是被动都能够参与这项活动，让每位教师都有团队归属感。在提问问题的分类上，围绕"教育教学""学生发展""教师发展""学校管理""家校合作"五大领域展开，可以指定某位教师或请全校教师进行解答或帮忙。教师提问在指定平台统一发布，时间一般为上午9点，如果是指定某位教师解答的可以@他以作提醒。

（3）应答反馈，重在实践。在平台上相关教师对问题有应答、有反馈，其他教师也可以互动有讨论、有相互启发。"我有一个问题"微活动在把握好单独提问与共享回答后，关键要有延展实践。在前期青研团"我有一个问题"微活动的基础上，各个学科的负责人进行阶段汇总，提炼出若干学科组

信任篇

青年教师的共性问题或最关注的问题，组建学科教师学习共同体，进行学习共同体集体研讨活动。从一开始的"我有一个问题"认知问题，通过实践中去延展、再认知，学思悟行，以达到知行合一，知行共促。

（4）评价激励，持续发展。为积累"我有一个问题"系列活动的各项资料，青研团特指专人教师进行督促和整理，一周检查一次青年教师的"每日一问"问题和解答汇总表格，未完成的青年教师及时反馈。这样便于微活动持续化以及过程性积累，让活动更具学术研究价值意义，不是"为了问而问"。全校教师给回答的教师点赞，采用积分制记录每个教师的提问回答，在学期末予以奖励。评比"启发奖""创意奖""温暖奖""贡献奖"等各种特色奖章，鼓励教师继续在学校公共平台这一相对宽松的互动交流平台中乐于参与，平等对话，贡献自己的真知灼见。

4."我有一个问题"微活动焕发教师团队"三力"

（1）激发教师成长内驱力。

每位教师想要在团队中占有一席之地或实现自我愿景，必须对自我有一个明确的专业发展规划，成长内驱力是助燃剂，也是出发的原动力。"我有一个问题"都是在教师独有的教育生活工作中产生的。在提问中，教师也在"自我认知"中进一步明确清晰的身份与价值观，懂得优秀的教师应担负四重角色：一是教书育人的教师角色——培养人才以"求善"；二是开展科学研究的学者角色——遵循研究逻辑以"究真"；三是为社会服务的知识分子角色——分享合作以"达美"；四是敬畏生命的人的角色——尊重自然以"育爱"。

每天在"我有一个问题"的日积月累中强化身份认同感和多维价值感，大大会激发教师内在的自我成长驱动力，明确责任和使命。而正是这种对职业价值和意义的量变认知，才能触发人自我成长驱动力，让教师要求自我变革、自我完善。

每一个生命个体的成长总是充满了艰辛。"我有一个问题"这种与青年教师对话的特别活动，一开始也许是行政的威信推动，但持续每天做一问一答，借助重复的力量，形成一种自觉教育的团队文化。

（2）赋能教师专业生长力。

在成长内驱力的助推下，教师自然会有"自我变革"的意识与理念维度，即追求自我专业的生长力，让自己过一种从容、幸福而完整的教育生活。为此，教师需要具有先进的教育教学观念和丰富的教育教学知识与实践经验；具有创新精神、审辩能力及"科学研究"的专业生活方式；能从理论上反思自己的教育教学经验并建构相应的理论体系；善于与同行共享自己的经验、知识与研究，并服务于共同体。

成功的前提是去做。"我有一个问题"的回答就是基于自我经验和实践的总结提炼，分享给需要的同伴。输出也是一种学习的途径，能够让回答问题的教师加深印象，更加坚定自己，内化固定为一种好的做法习惯。而得到答案的教师也多了若干种方法，给他们打开了思维大门或者解锁了新思路。也许有些答案是基于个人思考和经验而得的，并不适用每个人或者都能引起共鸣，但表达也是自己和过往自己的一种对话，更清晰未来的路怎么走下去。问答之间，团队中教师各有所获，赋能团队教师专业生长力。

（3）增强教师团队凝聚力。

教师都生活工作在团队中，生活在一段段具体的关系中。每个人有自己不同的喜好、个性与选择、专长潜能，每个人的内心深处都希望被接纳和重用。在集体里，青年教师尤其需要在团队中找到自己的归属感和价值感，才能够在共性基础上展示个性，让自己有特色地发展。一味地追求自己的舒适度、环境人际关系的包容度，反而限制了个体的自主发展。

信任篇

"我有一个问题"虽无固定主题但旨在让教师自主探寻自我，在与自我对话、与他人对话中建立与团队的进一步沟通联系。活动开展一学期来，大家的问题随着交流的深入而逐一展开，如自我成长、家校沟通、专业需求、个人生活、兴趣爱好、教育教学规律、方法策略、评价等，大家自由交谈。无论是提问者还是回答者，都秉持着"真诚友善""感谢感动"的原则，无疑这种情感的力量超越了提问本身，是教师团队建设中的强大正能量和积极文化。

在讨论问题中我们进一步走近了年轻教师的内心世界，回到他们成长的路上去体验他们遇到的困难，产生共情并给予针对性帮助。在回答者中我们感受到教师的草根实践智慧与独特思想，因为公开群内分享的透明化管理有助于教师之间有深入的了解，而正因为有了彼此之间的了解，才会为团队增加凝聚力、向心力以及战斗力。

"我有一个问题"微活动，把教师放在学校管理的中央，共情教师的难处，也发挥着每个教师不同的潜能和智慧。在问答间，启发教师科学严谨地展开针对性研究，深刻认识现象；也可以鼓励教师自发地记录、反思和追问，保持好奇心；更可以对未能回答的问题循序渐进地阅读、思考和实践，继续探索，为日益精进地开展教育教学教研、寻求合作与改变带来帮助，推动学校整体发展。

赋能学校会议，促进学校内涵式发展

《中共中央政治局关于改进工作作风、密切联系群众的八项规定》规定之"要精简会议活动，切实改进会风"中倡导不开泛泛部署工作和提要求的会，"要提高会议实效，开短会、讲短话，力戒空话、套话"。对标学校工作，各种各样的"文山会海"还是接二连三。尤其是学校行政部门，不是在开会，就是在开会的路上。学校行政都是一岗双责，如何在兼顾教育教学质量和管理中做好平衡，其中高质量开好各种会议，赋能学校各种会议，让全体教职员工不仅仅从会议中明确目标任务，为开展下阶段的工作做准备；更重要的是在会议组织、设计、参与、评价中实现专业的同修共创与同事之间的同频共振，提升各学校各部门管理者的岗位胜任力，助推学校的内涵式发展和高效能运转。

1. 现阶段学校各类会议存在的问题与不足

务实有效的会议是推动学校各项工作有序发展必不可少的一环和方法载体。但是有的会议太多太滥太长，效率低下，缺乏主体意识，形式主义重，议而不决，决而不行，行而不觉。

一是缺管理与经验。教师把开会当作是一件独立的事情去完成，缺乏对不同会议的认知和设计，没有开会推动工作的意识，对于会议的内容主题与目标欠缺过程性的把控与要求，有时形成"上有政策下有对策"的现象。

二是缺策划与内涵。教师把会议单纯作为一个任务，重形式、轻实效，每次只有事务，不讲事务背后的背景、机制和理念，导致工作在低水平打转。组织搞"一言堂"，重集中轻民主，没有纵深思考，起不到培训、夯内功、激智慧的作用。

三是缺整合与督办。会议过多滥开会议，形成"会海"。会议分类过细，名目繁多，开完大会开小会，以会议传达会议，以会议落实会议。见子

信
任
篇

打子，没有形成序列，成果意识不足，制度建设不够。往往是开会时热热闹闹，执行时冷冷清清，学校层面对执行不到位人员缺乏有效有力的监督和惩罚机制。

2. 提升学校各类会议高质量召开的现实需求

一是教师在校可控时空，受现实影响缩小。受疫情影响，线下召开50人以上的会议需要申报，空间受到限制。以"双减"政策落实为例，要深入推进"双减"，教师在校工作时间增加了一个多小时，每位教师都承担着课后服务工作，全体教职员工一周内可以聚在一起开会的时间也减少了。面对实际困难，学校体察教师的情绪，与教师共情，如何线上线下结合，开好有质量有实效的各类会议，是每一个学校管理者必须思考的常识问题。

二是会议价值呼唤赋能提升。学校里的每项工作或者活动，从准备启动筹划、过程开展、成果展示、反思总结都可以用会议的方式展开，只是会议的形式内容不同。按形式、时间、目的划分的会议的类型各种各样。哪些会议需要以例会方式推进？哪些会议需要以专题形式固定？会议组织有哪些方式？哪些会议可以整合融通？学校会议组织管理与设计召开是一门管理的学问，需要改进提升。

3. 厘清学校现有会议是高质量会议召开的前提

为了更好地把控会议组织的核心要素，做好会议流程的策划设计，避免"模模糊糊一大片"的走过场会议，实现"清清楚楚一条线""明明白白几个点"的高质量会议，我们首先需要对现有的学校会议做一个梳理和分类，在此基础上梳理出不同会议类型的组织设计模板、不同目标导向和反馈机制。

结合我校现有的各种会议，按照会议内容为主分类如下：

（1）常规会议。常规会议包括支部会议、学期行政工作研讨会、全体教师期初大会、双周教师常规例会、单周湖畔论坛学习会、青年教师圆桌会、观澜沙龙、"三重一大"会议、家校沟通会议（每月一次）、家长会、每周值周教师例会、教研组长会议、年级段长会议。

（2）专题会议。专题会议包括班主任工作研讨会、膳管会议、安全工作会议、双减提质增效会议、课后托管服务会议、大数据驱动教育会议、学期教学质量分析会、学校廉情分析会、学生期末座谈会。

（3）项目会议。项目会议包括宣传小组会议、信息化小组会议、课题推进会、成长导师研讨会、心理专题推进会、美育、体艺、劳动课程推进会、学校品牌研讨会、家长读书会。

（4）临时会议。临时会议包括学生运动会筹备会、校门口交通安全联络会、春秋游规划会议、学生研学讨论会、个别教师座谈会、工会征集意见商讨会……

4. 三段式学校高质量会议的组织与召开

一是会前：①现代人的时间都很宝贵，在开教师会议之前，组织者一定要告知教师会议时长，并分配好会议时间，让教师安排好工作和生活。②召开会议前要明确通过有效途径通知参加会议的人员，明确具体参加会议的地点、主题、目标、流程、形式。越清晰的目标定位，越充分详尽、成熟的各项会前准备，越能为召开高质量会议和创设和谐氛围做好铺垫。

二是会中：①要把控会议流程及总体时间。能一小时开完的会，绝不拖至一个半小时。如有其他人员发言或讨论环节，都要有时间规定，可说可不说的不说，可议可不议的不议，能一次性说清的不重复说。不要无时间意识，或开会随机性大，合理把控时间。②会议流程要遵循现代课堂中的"教师为主导、学生为主体"模式，切忌满堂灌；要有节奏实效，严格按照流程走，能够解决的解决，不能解决的留到会后。组织者往往起到抛砖引玉的作用，把话语权交给教师，让话筒在教师之间传递。尤其是政策解读、活动设计等内容，让教师充分学习后，主动解读，畅所欲言，往往会有意想不到的生成。倡导嵌入式思考（全员行动）、沉浸式体验（思维碰撞）、常规会议模板化（固定流程）。③会中每个人都要学会认真倾听，躬身入局；及时记录，换位思考。参会中如发现问题应及时纠偏，确保每场会议组织者能"掌稳方向盘，紧盯风向标，向深海进发，指导评价扼要。如事情涉及特定人员，不搞大面积"轰炸"，择时与相关人员再议。如果讨论形不成统一的意见，即使大家意犹未尽，也要结束讨论，不在推倒重建的循环中浪费时间。可以引导教师深入思考，待想法成熟后，再开小会商讨，或利用网络进行"云讨论"，形成温和友善的学校会议文化。

三是会后：①总结讲话，及时复盘，直面问题。组织者要及时对会议进行复盘和反思。是否紧扣主题？目标达成度多少？任务是否及时下达并有效分配？教师中是否有好的意见？生成的意见是否有可采纳之处？如果会议有明显的不足之处，组织者要继续反思：哪一个环节出了问题？哪一个因素没

信任篇

考虑到？是否前期缺乏规划、准备不够充分？为今后类似会议积累经验教训。②从会议的主题聚焦、议程明晰、设计合理、筹备充分、组织科学、主持妥帖、目标达成、时长效能、综合评价等方面着手反思后，及时进行信息收集整理，转化成果的发布、资料的归档工作。组织者可以采用"打补丁"的方式，与团队中最有影响力、最直言不讳的成员进行一对一交流，针对会上讨论的一些有争议的话题、产生的不愉快，倾听双方意见，个别化着力解决。

5. 对学校高质量会议的进一步思考与实践

（1）会议代培训。通过会议明确目标任务，达成共识，汇聚力量、智慧；通过会议共商方法途径，让教师明确下一步的工作路径和重难点；通过会议互相复盘工作，为下一次活动积累好的经验教训。高质量实效的会议，不仅可以解决学校的各种现实问题、棘手问题，更是同事之间互相了解、增进感情、取长补短的好平台，也是学校管理形成闭环的必要过程，可以提升学校管理内涵式发展。现代学校会议，应该以课程视角或以研究视角进行策划、设计、组织和管理。例如，我们学校常规双周教师会议，采用青年教师轮流主持，模块固定各部门负责的方式开展，有规定时间。同时配有PPT呈现，要求明确。校长做最后总结要基于前两周情况照片、视频等进行，再结合当前政策理念提出新的要求和建议。

（2）会议多形式。在"互联网+教育"背景下，我们常用"线上+线下"共融方式，在技术、平台、资源的加持下，让工作落地，实现参会者的共创和互启，探寻高质量会议的价值与行动内核。比如，我们在教研组与年级段备课过程中，常提早规定好会议主题、确定参会人员、发言人员、时间、方式，大家线上见面有约定，空间互动，实现多维交流。不愿意当众发言的，来不及线下面对面交流的，都可以在云端空间表达自己的思考和建议。

总之，"双减"政策后学校各部门各教师在校单独工作时间延长，为达到组织会议不与一线教学业务冲突的目的，学校的会议组织者，要以开放的思维，重新确定会议价值，善用技术平台进行"双线共创"组织会议，体察参会者的心理、情绪感受，最终赋能会议，助推学校内涵式发展。

信任篇

集团化新校区办学的教育情怀落地实践

圆桌学习会：青年人的自留地

　　圆桌会议的概念源自英国传说里卡默洛特时代的亚瑟王与其圆桌骑士的习俗，是指围绕圆桌举行的会议，没有主席位置，也没有随从位置，人人平等，是一种非常平等的对话或协商模式。我们经常在新闻中看到，举行国际或国内政治谈判时，为避免席次争执，实现参与各方地位平等，都是围圆桌而坐，即使是方桌也摆成圆形。圆桌会议现在已经成为平等交流、意见开放的代名词，是一种很好的团队学习，或者进行深度会谈的组织形式，所有的参会人不论身份、不分级别，围桌而坐，就一个主题展开讨论，彼此之间没有权威和束缚，从而达到一种相互学习和交流的目的。笔者喜欢的综艺访谈节目《圆桌派》也采用了这样的一种平等交流形式。

我们学校的青年教师组成的青研团命名为"聚星青研团"，其寓意为：聚是一团火，散作满天星。每位青年教师都有着自身的特点和特长，不断成长，都将会是未来教学之星。青年教师是学校极具活力的一支队伍，随着青年教师在学校的比重不断增大，青年教师必将成为学校的"关键力量"，当这股力量不断聚集在一起，定将是一团熊熊烈火，为学校的教学做出巨大贡献。同时，"聚星"谐音"聚心"，意为青年教师们能够凝心聚力，抱团成长。为提高青年教师的整体素质，让他们又快又稳地投入工作。根据学校给青年教师制订的培养方案，发挥青年团自身的内部影响力和学习力，切实促进青年教师的专业发展，青年团专门以"圆桌学习会"为名义，双周一次或一月一次进行业务或者业余兴趣、特长爱好、团队创建等活动，每学期初有计划，活动中每项有专人负责，落实签到制度，控制活动时间，提高活动的实效性。

青年教师圆桌学习以凸显教师专业技能为主的无边界学习，每月确立学习主题是在广泛征集不同青年老师自身成长需求的基础上，借助平台整合资源，有序安排活动。在圆桌学习会过程中，也为了提高圆桌学习会的实效性，在固定分工外增加弹性机动的任务认领、即兴发言，在平衡中追求动态，培养青年教师抗压能力。

圆桌学习会对于我们来说，更多的是引申借用其平等互动、言论自由和开放包容的主旨，在活动形式上打破了"圆桌"静态固定模式。通常大家会和技能实践、动手操作结合，学习如何将其应用于日常教育教学活动中。例如，我校的青年教师人人会进行微信推送、希沃软件制作、教室板报布置、教师基本功"三字一话"训练，我们也把这些融入圆桌学习会中。通过由有某个项目特长的老师当讲师，自己内部辅导学习，实现自我团队内的学习赋能。

已经开展了四季的"挑战三十天"活动，就是青年教师们利用圆桌学习会平台发出"挑战令"实现的。每位教师申报挑战项目后大家开始交流，邀请身边的小伙伴对自己的挑战活动监督点赞。成功完成四季的"挑战三十天"活动后，从个体到团队、从学校到家里开展的各种各样的项目中，让我们在最后的成果展示汇报中看到青年教师的多才多艺和飞扬个性。

这是一个集体推动的活动，每个人都要遵守集体的约定，参与其中。

信任篇

我们的校风是"在一起做自己，有梦想去远方"。笔者不是用道德来绑架教师，教师要明白自己是一个体制内的人，是集体的一员。体制让教师有另外的一种身份来保护自己，获得归属感和价值感。有一个词语叫作"集体人格"，文化是一种包含精神价值和生活方式的生态共同体，它通过积累和引导，使得在同一个集体中的人有一种特殊的精神特质，如积极向上、阳光、开朗、善良、互助团结、吃苦耐劳、善于精进等。

在圆桌学习会的基础上，本学期我们还和海洋大学师范学院的老师们共同组建了一个更加自由灵活的学习新团队——观澜沙龙。大家在沙龙活动中畅所欲言，主要关于教师成长自组织的创建、正面管教的实施、课堂发生改变的可能性等，每一次因为自由平等轻松的氛围，沙龙反而有灵动的真知跳跃，一个点燃一个，起到"火苗"般的助燃作用。周思妙老师在一次沙龙结束后写道："对于我们年轻人而言，平时工作研讨中更多的是在扮演倾听者的角色。因为我们资历浅薄，不敢发声；或者由于难为情，不敢尝试。今天在这样开放、轻松的沙龙活动中，我们都变得'敢'了。从我自身来讲，工作让我也变得勇敢了。要上台演讲，要即兴发言，要上公开课，要与家长沟通……在工作的'逼迫'下，不得不敢于表达，学会表达，努力变得善于表达。在倾听同伴的声音中，知道了真诚交流才能触动人心；在倾听前辈的声音中，感受到让人如沐春风的智慧分享。"

从刚开始的"湖畔讲坛"，到所有青年教师的自留地圆桌学习会，再到自主选择留下来一起分享的"观澜沙龙"，校本论坛的名字在变，背后的意义价值与参与者心态行为也在改变，我们尊重每一个学生的独特性、多样化和差异性，同样我们也需要尊重每一位教师的独立人格、自由的学术研究以及个性化的发展，这才是百花齐放的学校。打开自己，倾听万籁，让每一个人都听到："你很不同，你很好"。

每个人都有一定的惰性，在集体推动中去坚持，就会完成你以为不可能完成的事，然后从他人身上也看到新的学习点。

这是一个发现自己、寻找更好的自己的过程。迈克尔·福克斯认为，学校总是督促你去做你认为不可能做到的事情，假如你害怕登高，他们就鼓励你爬山；如果你板球打得不好，就让你投球给击球员；倘若你在古典文学方面有天才，就让你学科学。在你本以为不可能办到而第一次获得成功的时候，你就为一生的自信打下了基础。

　　所以，这是在用集体的力量共同做一件正确的事，规定时间与形式，通过写挑战书、签到打卡、上交材料、抽签发言等方式，用固定的制度、活动、评价反馈来督促教师，确认用正确的方式做正确的事，那就能实现正正得正，强强联手。

信任篇

走进"公约"

为进一步实现"双减"政策之下学校管理的有效、有质和有品，学校教师群体是一个相对比较自觉自律的群体，且学校本身追求的是每个人能进行自我教育和自我管理从而实现自我价值，我们总觉得"制度"听上去刚硬强制，而"公约"就多了一份温度和民主。查看公约的概念，大概是指各个国家、部门、人员之间的一个共同遵守的约定，一般是大家就有关国家、部门、人员之间的利益问题进行公开讨论达成一致的意见，并且同意遵守的一个规定。

对照"公约"的概念，利用教职工会议，本学期出台了和全体教师员工相关的四个公约——《教师会议公约》《教师教研活动公约》《教职工弹性上下班公约》《教师文明素养公约》（三年前发布今天再次重提）。考虑到公约制定来自每一个人，前期需要每个人参与讨论与意见反馈，在行政层面听取意见后，教师群里发送意见稿，大家也似乎习惯了"照做"或者"不管你怎么写我就按自己的来"或者"慢慢在实际中去执行"等几种不同心态，下班前没有收到过一个意见或建议。

四份"公约"和每位老师的日常言行、上班纪律、专业学习、交往合作有关，涉及教师在学校教育教学生活工作的方方面面。公约的撰写相对白话通俗，以流程化说明、细节化关注、品质化追求三个大点为重点，每位教师对照公约自己能够明白该怎样在具体的工作中践行，保证工作的高效从而留有一定的自由空间，促进个性发展。

和每位教师分享了四份"公约"的电子稿，因此在双周教师会议上，笔者就不重复讲解内容了，而是向大家传达一种学校管理的理念和学校想形成的文化——我们需要制度管理、目标意识，但是我们更追求每位教师的自我管理和团队文化力量的实现。

当前，学校的教师会议的工作流程慢慢在践行形成中；教研活动的品质文化有待于在每个教研组长引领下和每一次全体校本研修活动中，大家共同努力建设才能成功；在每位老师自主申报弹性上下班后，学校通过信息化技术的方式统计，实现每周反馈；教师的文明公约则贯彻在学校教育生活的每一天、每一事中。

　　笔者知道落实类似这样公约所倡导的文化、流程、职责到每一个人身上、每一件事中是需要有个过程的，也会有反复或者个别教师不配合的情况出现，毕竟每个人都是与众不同的，我们需要尊重包容并慢慢一致且要保留个性多样化。归根结底，公约中反映的是一个人要有对自我、对集体的责任感。我们似乎比较习惯于人与人之间的"竞争"，确实"竞争"一定程度上比"合作"更会促进个体的发展。但是在学校教师对学生的引导教育中，我们还是更强调在"竞争"中的团结互助。正如雅克·德洛尔所指出的："世界是我们的村庄：一家着火，我们所有人头上的屋顶马上都受到威胁。一人想独自重建，那他的努力只有象征意义。合作应成为我们的口号：我们每个人都应承担起自己对集体负有的责任。"

　　对于学校四份"公约"的建立和今后的执行，笔者更愿意看到每一个团队中的人秉持团结互助的原则去遵守，而非在外界的制度约束和管控压力下导致的强制落地。同时，作为校长，在公约的制度出台过程中，前期也愿意听到教师不同的声音，通过公共平台表达、交流、探讨，更显"公约"制定过程民主开放，在自由中有自我约束和自我管理。

青年教师素养大赛后记

每学年学校都要组织一次青年教师素养大赛。虽然比赛的形式、内容、主题会改变，但唯一不变的是学校35周岁以下的青年教师若没有特殊情况全员都要参与。这对于我们这所新学校中大量的青年教

师，尤其是刚分配来的新教师来说具有重要意义。

按照学校各部门联合制订的青年教师培养的具体计划、措施、评价，在每一项活动落实中，我们始终秉持在包容支持和允许试错的环境中提供青年教师切实可行的成长平台的原则，承受适当的压力和体验达成小目标的喜悦，从内外两方面促进青年教师的发展。

一学期里，笔者听过每位青年教师的课堂教学，也利用非正式场合和各位青年教师进行沟通交流，通过各种渠道多次向青年教师提出阅读、思考、交流、学习的建议，参加过几次圆桌夜学习，也从教室、学生、家长三方面侧面了解到青年教师的各方面情况，观察他们的工作状态、情绪、能力。总的来说，我们的青年教师都具备虚心好学、友善上进的心态，在自己认知和能力范围内完成每一项培训学习、展示交流、总结整理的任务，也积累了一定的教育教学实践经验，在学科教学、德育导师、班主任工作、项目化团队协助管理、学生活动策划组织中贡献着青年教师特有的智慧、创意和活力。

就像学生个体有差异，教师也是如此。尊重每一位不同青年教师的个

性、能力、特长、爱好，最大限度地激发和挖掘他们的潜能，在团队中取长补短，各美其美，美美与共，考验的是我们团队管理和这所新学校的人文文化养成能力。"教天地人事，育生命自觉""在一起做自己，有梦想去远方"是我们大家常挂在嘴边的两句话，是校训，是校风，也是我们对教育的情怀和追求，我们希望孩子们"温暖良善、敏学善思、担当有为"，就要我们的教师先做到。无论第一届还是第二、三届，既然是素养大赛，就是对教师素养的全面检验；既然是比赛，就会有不同的奖项。做一件事，我们要做得有意义、有价值，持续推进，才会有提升和改变的可能。希望我们学校的青年教师，客观积极地去看待我们的素养大赛，从中积累各种经验，下移关注到常态的每一节课堂教学、每一次各类活动的准备参与、和学生家长的每一次互动中，用专业的精神去处理，才会有自己的职业地位，获得他人的尊重认可，也才能在团队中找到自己的归属感和价值感。

青年教师的成长，前三年是具有决定性的奠基年。无论如何，要给自己树立一个长期、中期和短期的目标去奋斗。工作不是我们生命的全部，却是很重要的组成部分。大家比较顺利地在这所学校完成了第一、二年的工作，在未来继续踏实勤勉，多向学生学习，向同伴学习，利用线上线下的各种培训机会开阔眼界、更新理念，也可以抓住展现自己的机会，勇敢表达自己，把小我融入团队、集体，找到工作中的点滴幸福，提升自己的幸福指数，成为更好的自己。

读过《伊索语言》里的一则故事——《北风和太阳》。北风和太阳互不相让，都说自己威力大，最后他们决定比一比：谁能使行人脱下衣服谁就胜利。北风开始使劲地刮，行人赶紧裹紧衣服。北风更加猛烈地刮，行人冷得直哆嗦，于是穿了更多的厚衣服。终于北风刮累了，就让给太阳。太阳先是暖融融地晒，行人脱下了添加的衣服。太阳越晒越猛，行人热得吃不消了，又把一件外衣脱掉，悠闲地行走在大街上。

愿我们学校的骨干教师和成熟教师，包括我自己，做伊索寓言里的太阳，更多地用自身的温暖、自然和善意激发更多的青年教师自主脱去外在的壳，实现自内向外的破壳成长。

以上是在学校第一届青年教师素养大赛后和大家交流的心得，之后陆续在不同届次的总结活动中有所表达，回想自己也曾参加过南海教育集团多次

信任篇

大奖赛的经历，更是有了深切的感受，笔者痛并快乐地成长着。有一次，笔者用"随大流辟小径"隐喻我们教师在教育教学遵守集体文化形成集体型人格时也要保持自己的独立性与自由空间。

每一位南海的青年教师都有一场教学大奖赛的梦，美梦和噩梦同在。梦醒来，我们都会去回味其中的情节和人物，等我们再相聚或者再谈起这个话题，已然会变为一个个故事，一个个我们在青春岁月里努力超越自己，追赶同伴，精进成长的故事。

在我们参加教学大奖赛的时候，都会扳着手指数自己还要磨炼几次？当我们真正结束时，就算你想参加也没有机会了。因此笔者想说的第一点是在你还有机会参加我们每年举办的教学大奖赛时，要珍惜，要认真对待，"随大流"。不管是现场教学设计、说课，还是指定课题上课，都要抱着积极参与的态度，尽己所能拼一次就好。第二点是"要在随大流的基础上辟小径"。小径幽幽，人少路不平。我们也许会有师傅的帮助指导，也会与同伴交流，但最终要把一节课演绎好，关键还是要自己来。辟小径，展个性，关键看个人日常中专业的积累、磨炼，否则都会在比赛中露出马脚，暴露自己真实的水准。辟小径，勇探索，挑灯夜战注定是孤独的自我对话，不断肯定又否定自己，但一定要记得有看不见的影子学生在陪伴你、拷问你、衡量你。

各位青年教师，虽然"随大流"是顺着多数人说话或办事的意思，在我们平时看来是贬义为多，但不妨碍我们在参加教学大奖赛"随大流"的时候，又静辟"小径"，这样你既能感受到和伙伴们一起工作时积极向上的氛围，又能拥有安宁的内心世界。

感谢这次参加大奖赛的每一位青年教师，也感谢我们每一位组织者。在一年年、一届届的比赛中，我们欣赏同伴、悦纳自我，时间向前，我们向上，努力做最好的自己。

叶圣陶曾说："受教育的人的确跟种子一样，全都是有生命的，能自己发育，自己成长；给他们充分的合适的条件，他们就能成为有用之才。所谓办教育，最主要的就是给受教育者提供充分的合适的条件"。走进儿童、读懂儿童，需要教育者有一种坚定不移的教育情怀，始终和儿童在一起，蹲下来听他们说自己的真心话。当儿童情绪低落无助时，理解、共情并拥抱他们，常常用"没关系"去安慰；当儿童欢腾热闹时，用眼神、手势去倾听、示意，用真诚的赞赏说："你真行！"

新生开学：那一个个小小的人走向你

法国童话《小王子》中说："仪式感就是使某一天与其他日子不同，使某一时刻与其他时刻不同。"心理学家荣格说："正常的身心需要一定的仪式感。"一枚钻戒能带来仪式感，一句情话也能带来仪式感；一顿西餐能带来仪式感，一碗热粥也能带来仪式感；一次远行能带来仪式感，一个拥抱也能带来仪式感。仪式感具体是什么并不重要，重要的是我们喜欢以什么方式来表达自己浓浓的爱意。从某种程度上来说，仪式感是一种生活方式，是一种生活态度。它既不需要你大费周折，也不需要你浪费钱财，只要用心一点、努力一点，就是最恰当、最合适的表达爱的方法。

新生报到第一天，学校已经习惯于用设计过的由确定主题的内容和形式组成的仪式来欢迎学生，除了用形式和内容结合的方式表达对一年级学生的欢迎和爱意，更重要的是想用这种仪式感来增强学生的体验感，继而使学生对这样一个特殊的节点产生深刻的印象，也祝福每一个来到岛上巴学园的学生的启蒙之路顺畅。

2021年是百年党史学习的红色年，因此学生发展处设计了"国旗飘扬逐梦起航"的入学活动方案。秉持着学校一贯的活动设计要简约环保、互动性要强、符合学生年龄特征的要求，前一天傍晚学生发展处的伙伴们就自己动手给五彩气球打气，用木棍支架支撑起学生的签名布，还拿出用了四年的黄色地毯铺出一条"阳光大道"。

环创具有一定的育人功能，除了具有一定的审美，更有严肃活泼团结的氛围，这是集体活动，笔者是一个集体中的一员。一早，音乐响起，三年级的礼仪生等候在大厅，行政教师也各司其职早早准备。当第一个学生出现在校门口，笔者上去给他戴上校徽，送上小国旗并留影，他大方地自我介绍，"我是'杨程希'，我家住在……"。第一个学生总是会让人多留一份关注，看着小小的人儿懵懂而信赖地走向你，听着你所有的叮嘱和要求、签名、去教室，又看着家长的目光一直追随到看不见的地方，你会油然而生一种责任。又想起张晓风在那篇《我交给你们一个孩子》的散文中发问："世界啊，今天早晨，我，一个母亲，向你交出她可爱的小男孩，而你们将还我一个怎样的呢？！"

学校义不容辞地承担着重大的教书育人职责，意义影响深远。到9:20左右，350名一年级新生全部报到完毕，按照计划，老师们合作在教室进行基本常规教育、训练，也到操场上进行出操队形排练，让学生初步熟悉学校环境，全班集体合影……笔者知道这半天对一年级的教师团队是考验，开好了头，后面的工作就能顺利展开，因此前期大家的准备工作还是非常有必要去做的。

直到11:30，孩子们一个个接送回去后，老师们才缓过来，可以理一理半天活动中的得失及明天要提醒、改进的地方。看着主题墙上350个学生的签名，没有字体结构的讲究，也没有笔锋笔顺的牵制，显得特别稚拙大方、自由无拘束，这就是孩子特有的"童真体"吧。笔者开玩笑说我们第一天也学习孩子写写"童真体"签名，几名教师一起模仿写，但发现达不到孩子的那种天然境界。和孩子们一起，作为成人的我们只能"试着"回到孩子的状态，"想象着"我们小时候的感受与期待，去理解面前的一个个与众不同的孩子，这样也许我们会少一点纠结，意外收获自己渐渐失去的纯真无邪的童心童趣。

信任篇

主流与非主流

——有关升旗仪式的思考

学校的学习生活中，每周最有仪式感的要数周一的全校性集会升国旗。大家一起整齐列队、升国旗、奏唱国歌、总结一周校园活动、颁发四项竞赛循环红旗、少先队员代表在国旗下讲话，这些升旗仪式上的活动，每一项都蕴含着丰富的育人因子。

学校的少先队大队部在学期初就把每周升旗仪式的班级负责、教师负责列表告知每位师生，也在内容上围绕着某个主题而展开，一般具有实效性，尽量和时政时事、传统节日、主题教育、学校生活相关并延伸，贴近队员、贴近生活、贴近实际、贴近我校的教育理念。

我们非常重视每周升旗仪式的规范性、有效性和具化性，尤其是每周的少先队员代表在国旗下讲话的活动，采用每班轮流制、全程脱稿、声情并茂讲述，除了给每个学生一个公共平台进行综合素养锻炼的机会之外，还让德育渗透到每个学生心中，将德育具体化、行动化、榜样化，让品德习惯形成、性格涵养在倾听同伴讲述中成为学生的自觉意识，并转换成学生的自觉行为。

为了能让更多的学生在这个全校性的平台上有发言锻炼的机会，我们决定实施少先队员代表讲话的活动，每周两个小升旗手且不重复，也就是一个学生在小学六年中顶多只有一次在国旗下讲话的机会，这样也把机会留给了更多的学生。升旗手是一个称号，是一个荣誉，是一个舞台。有意思的是，我们发现每次各年级段都会选最出彩、综合素质能力强的学生来展示，慢慢到学期末，学生能力差异就显现出来了。有的学生背着讲着就忘词了，有的学生上来就紧张，但是在大家的鼓掌声中，学生都还是能够顺利讲完的，这对于学生个体来说多多少少都是一种锻炼。

　　一开始，笔者自然是喜欢那些落落大方、口齿伶俐、声情并茂演讲的学生，但慢慢听完那些结结巴巴却极严肃认真又很少有上台机会的学生讲完时，反而会特别感动。

　　笔者想到学校里每个年级段都有几个特别的学生，有学习困难注意力缺陷、多动障碍、阿斯伯格综合征等问题，传统的教育观念认为这些存在缺陷的孩子都是不正常的，但是神经科学的研究倾向与观点都认为这些都只是人类神经系统的一种情况，是正态分布的两端区域，是"非主流的正常"。笔者豁然开朗于"存在即合理"这一命题的现实意义，也放弃了自己一贯以来对特殊学生的"不正常"认知。就像阿斯伯格综合征孩子看待一个个转动的物体，有着别样的精彩，而对于发现不了这些精彩的我们而言，也许他们也会觉得我们不可思议、不正常。

　　校园每周的升旗仪式，是一次大型的教育活动，也是优秀学生展现自我的舞台。我们很少让"非主流的孩子"去发声、去表达，我们是不是需要停下来思考呢？我们每天面对各种各样的学生，习惯教导、矫正学生的各种行为言语，每次都想着把各种事情更好地完成，自以为充满正能量地在影响着周围，我们太需要用这种"非主流的正常"来宽慰和引导自己，在教育的主流和非主流之间消弭非黑即白的判断，多留一些模糊的部分，也是教育的另一种宽容和慈悲吧。

信任篇

宽容是一种深深的爱

四年级段学生实训的一天，笔者在素质实践学校等学生的到来，想看看走出校门在外参加集体学习的学生的学习状态、文明言行等细节，进而反思我们回到学校以后对学生进行训练、引导的具体内容。这也是考验学校教育是否真的在一个学生身上留有痕迹、产生影响的方法。从有序下车到排队、打招呼，再到排队去指定教室参加听课、参与活动、小组合作、表达交流，观察的时间不长，整体有序规范，学习氛围比较浓，但也发现在一些举手投足的细节处还有很大的提升空间：教室门口学生随身携带书包的摆放，随意散乱，缺乏整体归位；排队等候存在自由散漫的问题，少了集体意识和时间管理意识。

作为学校管理者或者教师，我们看到学生的问题后不能去马上责怪或推卸，而要回到我们的日常教育教学中反思自己忽略了什么，还欠缺什么。就像孩子是父母的镜子一样，一所学校的学生就是一所学校教师的镜子，反射出来日常教育的效果。回到学校笔者观察课间学生离开自己教室去专用教室上课的过程，有些班级大部分学生能保持安静，有的班级领队的学生能做到组织有序；有些班级领队的学生完全一副命令的口吻，强势严厉，甚至训斥同伴。笔者相信孩子们绝对不是恶意的，他们本意是想顺利把同学们带到专用教室的，只是遇到个别不遵守规则的学生，不知道用更好的方法来协调管理，而这往往就是我们教师可能也在不经意间经常用"命令""恐吓""要求服从"的口吻被学生模仿造成的。

如果只是对某个具体的事件行为进行命令，不涉及对学生人格和自尊的伤害，那么大多数的学生还能够接受。我们往往不经意间从行为上纲上线完成了对学生人格的一种判断，无心伤及自尊，那对学生的影响就是负面且长久的。前两天读到毕业了十年左右的小江同学的第一篇公众号文章就是记录他的小学数学老师对他的一种无心伤害，让他几度梦回小学，感到无助痛苦。这里面也涉及影响一个学生记忆中教育感受体验美好程度的因素，往往不是课堂上教学的学科知识，而是教师日常的一些言行举止或同学间的交往小事。好的非日常的教学行动，有时候却成了真正的教育，会触动人的心灵，让心灵更丰富，让人变得更好。

观察结束回到办公室后，笔者在学校的钉钉群里提醒教师尤其是综合学科的教师留意学生，保证他们到达专用教室的一段路上的秩序，不仅仅是学校安全教育的需要，更要在学生自主组织的过程中，关注生生之间的交往。如果出现了上述的一些问题，我们要从师者的角度去教育和引导领队的学生怎样组织，排队的学生怎样遵守，而不是等全班稀稀拉拉、嘻嘻哈哈走到专用教室时，教师不满意排队秩序去发个火就希望能够解决问题。

学生毕竟不是成人，缺乏自律和自控，更少有自省。小学生又是活泼好动，甚至调皮捣蛋的，在规范约束明确要求的前提下，还需要教之"所以然"，明理才会懂事。在安全包容的氛围下，带着善意去引导，学生最终会在自己现有的基础上慢慢向善向美。

信任篇

为什么要先和学生打招呼

如果没有特殊情况，每个上学日的早上，笔者习惯于站在校门口，除了关注接送的安全秩序之外，还要尽量和每一个到校的学生打招呼。

有一次，一年级的一个家长走过来特意问道："校长，不是应该学生先和你打招呼，怎么有时候我看是你先打招呼呢？还有些学生不会叫你，你也要去叫他们或者摸摸头，弯下腰去交流呢？"

一时有点惊讶。原来笔者习以为常的早上站在校门口的行为，有家长在用心地留意着，并在总结规律，由于对应他的"认识盲区"，所以才提出了问题。笔者庆幸，在别人不知不觉地观察自己的时候，一直知行合一地践行着"儿童立场"，对应着陶行知先生所倡导的"要学生做的事，教职员躬亲共做……要学生守的规则，教职员躬亲共守"。回办公室的路上，笔者脑海里自我追问，我们为什么先要和学生打招呼？笔者想从两个层面来解读这个问题。

为什么要教学生打招呼？

学校办学开始，就把礼仪交往培养纳入学校重点课程中，提出学生在校礼仪交往的内容、具体要求、教育训练的重难点、评价方式等。其中，我们一致认为，礼仪教育要做好，应从学生进入校门口的打招呼开始。从知乎、百度问答、豆瓣、360问答等比较常用的问题搜索中我们不难找到答案：打招呼体现的是打招呼人与被打招呼人之间的一种交往关系。如果遇到熟人不打招呼或者别人向你打招呼你装作没听见，都是不礼貌行为。打个招呼虽发生在瞬间，但影响久远。打招呼也称为问候。见面打招呼、问好是人们在交往过程中借助交谈互表友好和认定关系的一种方式。打招呼是人们见面时最简便、最直接的礼节，可在公共场所相见时，彼此向双方问安问好，致以敬意或关切之意。打招呼适用于"主动迎向对方时、当对方向自己问好时、当对方来到自己生活或学习的环境时、自己主动与对方进行联络时"。

小学作为学生启蒙养正的起步阶段，对学生进行文明礼仪引导熏陶就显得尤为重要。"三岁看老"的古语也告诫我们，小时候习得的礼仪训练、行为习惯对孩子的一生都会产生深远的影响。

为什么我们要倡导践行教师先和学生打招呼？

在成人的世界里，打招呼的先后顺序不是非常重要，有的人内向只是被动交往，有的人心高气傲喜欢拉架子，也有的人属于慢热型。但先打招呼是主动的表现，是热情的象征，也获得了人际交往的主动权。尤其是教师面对的是小学生，他们的品性养成、学习方式以"体验感受""模仿"为主，说教非常无力。教师在学生的心灵中有着特殊的地位和作用，"向师性"对于学习效果的影响很大。读书的时候，师范学校的墙壁上写着"身正为师，学高为范"。对于教师来说，人格、品性、行为的高尚纯洁，其示范引领作用远比学识更重要。当教师面带微笑，眼睛看着对方，主动用声音、眼神或其他肢体动作和学生打招呼，学生就会体验到一种被重视、被关注和被传达的善意。

从走进校门的那一刻开始，学校里的每一个人，不管是校长还是每一位教师、职工，都能够面带微笑和孩子们一样，平等主动地互相主动打招呼，即是通过一定的仪式来表达对学生的尊重、接纳，更是在"以身示范"中默默传达着"尊重他人的重要性"，会给人舒服愉悦的感受，学生能充分感受到这种成人善意主动的尊重，也会愿意去这样做，慢慢地成了一种习惯。

前几天晚上，另一位一年级的家长给笔者发短信要求加微信。笔者还以为有什么家校沟通问题需要解决，就给这位家长回电话。结果这位家长欣喜地对我说："校长，我家女儿在学校上学一个多月，太喜欢这所学校了。她爸爸表扬我说，选择在长峙岛买房入读这所学校是我这辈子做过的最正确的事情。"笔者继续听她讲："女儿现在特别有礼貌，知道爸爸回家了给爸爸放鞋子归位，出门给爸爸拿好包还道别，她爸爸笑得眼睛都眯住了。"

打心眼儿里说，每次听到家长这样的正面反馈，笔者都会不由自主地松一口气，"幸好，没有辜负"。当然，我们更要在这种表扬与肯定中保持一份理性，我们真的做得有这么好吗？对于每一位家长的信任与期待，对于每一位成长中的孩子，我们尽力而为、付出真心了吗？

教师是三百六十行中普普通通的一个职业，很平凡，有时候却又很不平凡。教育不能创造出什么丰功伟绩，却面对着亿万祖国未来的建设者和接班

信任篇

人，事关着国家未来人才结构和素养的形成。自觉的行为，需要适当的培养而后可以形成，而我们教师首先要有一份自觉的意识、担当和行为，主动向学生打招呼事小，但行为折射的教育理念一点也不小。

儿童的生活，是一面社会的镜子。一个社会的文明程度，关键看对妇女、儿童和弱者的接纳包容和支持度。学校是儿童生活成长的安全地带和系统学习场所，教师是特殊的社会成员，在其中发挥着引领示范的作用，扮演着"人生底色奠基人"的角色，起着"人生导师"的作用，使学生以后更勇敢、正直、智慧、有力量地走向社会并成为美好社会的创造者。尊重、爱护学生的天性，让学生的自由、规范、文明建立在教师的自律、自觉上，这是学校的功德和善意、不平凡。

"教天地人事，育生命自觉"，这大写在我们学校礼仪广场墙上的不仅是一句话，更是我们每天走进校门主动和学生打招呼的点滴细节的行为指导。每天和每个走进校门的学生主动打招呼，让每个细小行为也有示范和教育引导的作用，如春风化雨，润物无声，这便是我们所说的"师生互为滋养，共同成长"。教育的力量，心灵的唤醒，就是在这样一个个"小的"打招呼中得以生发的，督促着我们要常怀谨慎细微之心对待每一个学生。

倾听心声，关爱成长

——期末校长学生座谈会

《重塑师生关系》一书中说，"教育中的关系是纯粹的对话"。可见"对话"在润泽师生关系上是多么重要。回到学校生活中，从学生进校门师生互打招呼开始，就有了对话。对话有一定的前提，需要信任。没有对话就没有交流，也就没有真正的教育。用心做教师，潜心做教育，绝不是单向输出的过程。在教学相长中，我们和学生的对话，需要在开放中倾听，不把自己的关注点放在预设问题上，放在整个对话活动的有效实施上，跟上学生的思维和节奏，就能够听懂学生表达背后的所知所想所惑所感。

想起鲁迅的那句："无穷的远方，无数的人们，都和我有关。"在这个越来越讲究团队智慧的时代，一个人的力量是微不足道的，一个人的成长进步肯定要融入团队之中，一个人的价值感和意义感也是在找到归属感之后才能建立。忙碌而充实中，我们奔跑着不忘鼓励同伴，致谢给你帮助的人、给你批评的人、给你刁难的人。也不忘奔跑之后停下来，质疑自己，反思自己：如果下一次出现类似的活动，自己怎样组织参与会更好？

从2019学年开始每学期的期末阶段，在学生发展处的组织下，我们都要定期召开一次主题为"倾听心声 关爱成长"的学生期末座谈会，迄今为止已有六届。座谈会或有每班2名随机抽中的学生参加，也有专门某个年级段的专题座谈。

座谈会由书面交流反馈、个别访谈、集体交流三部分组成。座谈会主要结合"学期收获、学校活动、教师满意度、课业负担、兴趣爱好、校园环境、就餐满意度"等议题进行对话交流。几年下来，笔者发现学生的座谈会上都有一个共性，一开始总是比较外向踊跃的低年级学生因为新奇，会很主动地表达，而且都会说对学校及教师的认可、满意和喜欢。慢慢会有几个中年级段的学生，思考后表达自己的意见想法，得到我的鼓励肯定后，低年级的学生就开始出现"逆转"，会提出自己"异想天开"的美好建议。诸如："校长，我们学校的餐厅最好再建造一幢楼，这样就不需要我们在教室吃饭了。""我们的操场是不是能够多几个呢？""校长，最好我们的拓展课每天都可以自己去选……"

在耐心倾听每一个学生的问题后，我会及时记录他们可以改进的好意见，也真诚地告诉他们哪些意见和建议学校是不能实现的。我相信越小的学生，其实他们的感受体验就越敏感，应真诚给予其充分重视并一一耐心回应，因为他们对成人情绪的关注更胜于内容。

座谈会一般不限制学生说话。学生表达的时候正是其与世界产生联系的最佳时机，使我们能够及时了解学生知道的和理解的东西。在学生的成长过程中，他需要好奇、关注、富有同情心的听众。如果这个听众是他认知范围里比较有权威的人，他的对话就会更加专注、认真。相反，如果他觉得成人对他说的话不感兴趣，他一定会受到沉重的打击。学生很敏感，他的观察细致入微。在座谈会公开场合，不轻易打断学生说话，给学生时间让他自己纠正错误，所以每一次座谈会他们都会"难分难舍"，甚至听到有一个学生说"校长下学期我到你办公室来说"。

在每一次学生的座谈会中，笔者也能最直接地了解到一线教师的状态，那些平常每一个教学日子带给学生的感受和影响。一年级的一名学生较真地对我说："校长，我希望你对我们老师说，下次批改作业的时候仔细点，因为我妈妈说我做错了老师没有批改出来。"也有一位一年级学生提道："希望我们老师说话的时候声音可以轻一点，这样老师也不会累了。"童言无忌，童心可贵。每一次，笔者都会在教师会议上把倾听到的学生的心声传达给教师，笔者相信这样的转达也会促进教师去反思：这个老师是我吗？我有这样的行为吗？

每一次座谈会结束，我都会长长地舒一口气，想起陶行知先生的《小孩不小歌》："人人都说小孩小，谁知人小心不小；你若小看小孩子，便比小孩还要小。"那些心存善意的孩子，是人世间最美好的存在。他们单纯、温暖、勇敢，在很多时候，他们做得比成人还要好。

近距离地倾听学生的心声，从小培养学生的主人翁意识和善于观察思考与表达的勇气，也了解学生在校真实的学习生活感受，笔者认为学生代表座谈会是构建学校与学生充分沟通交流的重要平台，是校园民主实践的重要途径。学生在学校正中央，是一种生本理念，想要真正落地，就需借助平台载体，踏踏实实去落地实施。一学期一次和学生面对面座谈，让学生争做学校的小主人，从自己的角度出发，大胆敢说会说，倡导民主氛围，只有切实将听到的"学生声音"纳入学校下一阶段的工作改进落实中，学校才会真正成为师生共生共长的"大家"。

信任篇

活 动 篇

主题实践月：校园内外 五育融合

新课标下，综合性、实践性是两大突出特点。每月综合主题实践月，是基于核心素养视角下五育并举育人的有效探索。一月一主题，五育并举，学科融合；校内外联动，家校合作，实践体验；多维度评价，重在参与，打开边界。学生在丰富多样的活动中感受、积累、成长，找到和发现最好的自己与同伴。

学生核心素养培养的五育并举育人探索

在中央办公厅、国务院办公厅印发的《关于进一步减轻义务教育阶段学生作业负担和校外培训负担的意见》中指出，要遵循教育规律，着眼学生身心健康成长。科学利用课余时间，让学生学习更好回归校园。我校从"双减"政策之下教育如何回归本位出发，深入思考"双减"视域下学校、家长和学生三者该如何面对切实现状，充分强化育人主阵地的作用，强调以生为本的教育理念，积极开展特色化、多样化的课后育人活动。

我校尤为注重学生在校生活的体验，结合小学生的性格特点与喜好，设置多样实践活动，让小学生在潜移默化中受到教育影响，从而培养小学生良好的综合素养，达到全面发展的真正育人目的。为了彰显学校实践活动的形式独特性、参与全员性和评价多元性，以立德树人为根本任务，统筹整合学科、家校、社会三者资源，从具体的主题入手，确保"一月一主题"，明确活动主体，细化活动内容，丰富活动形式，完善评价机制，努力探索以促进学生全面发展为最终指向的综合主题实践活动。

1. 尊重教育规律，确保教育本色和良性成长

"双减"政策是出于保障每个学生的健康成长而作出的重大决策。"减负"是为了更好的"增效"。"减"的是违背人才成长的过量负担，"增"的是构建良性成长的教育样态。只有将学生从机械性、功利性、超前性的学习沼泽中解放出来，才能从根本上提高学生的综合素质，从而推进学生的全面发展。我们以学校办学理念"儿童即可能，教育即呈现"为指引，以学生的培养目标"敏学善思、温暖良善、担当有为"为落脚点，关注学生共性和个性的双成长，保障学生在校学习和生活的双优化。

2. 创主题引领，立足理念定目标

我们每月通过主题实践、主题展示、主题反思三个模块，围绕主题并融

活动篇

合学生的年龄特点、学科知识、活动条件等实际，系统设计学生的综合主题实践活动，分别包括一月健体月、二月耕种月、三月志愿月、四月读书月、五月感恩月、六月采撷月、七月研学月、九月友爱月、十月尚学月、十一月践行月、十二月丰享月。

3. 分小队开展，遵循规律重体验

教育的核心是学生，应该从学生中来，到学生中去。我校着眼于满足学生不同方向与不同层次的发展需要，充分考虑学生的年龄和学情，尊重学生的兴趣和爱好，注重学生活动的过程和生命体验，促进学生综合运用学科知识储备，力求培养出"敏学善思、温暖良善、担当有为"的社会小公民，让学生在成长道路上遇到最好的自己。

在活动形式上，以闲暇小队为单位开展活动。我们以团队合作项目化的形式进行实践活动，确保每个学生都能积极主动地参与主题活动，同时在活动中加强学生学习合作的能力。

4. 多途径选择，个性发展促成长

活动融合民族、学校特色，拓展活动内容、盘活资源，丰富活动方式。在新的教育改革背景下，确保实现对实践活动的进一步丰富和扩充，更好地满足了学生的个性化需求。另外，对活动进行多元评价，帮助学生认识自身的价值、发觉自己的潜力、体验生命的活力与无限的发展可能。

在活动内容上，必修、选修活动提供多样选择。为了保证每个学生能够更好地参与实践活动，促进学生的个性化发展，我们将活动分为必修和选修两部分。小队根据自身的学习能力和兴趣可自由选择活动项目，将活动变得更精更优的同时，发挥学生的钻研探索精神，给予学生更大的创新实践的自我发展空间。

5. 指向活动实效，促进学生可持续发展的评价

实践活动评价的科学性、有效性、细化性和及时性，可以有效促进学生对德育活动参与的积极性、主动性和发展性。所以，我校在主题月实践活动中非常重视活动评价内容和方式的探究与呈现。

在活动评价上，注重学生的情感态度、实践能力、合作交往能力的可持续性发展，通过微信实时推送、成果展评和建立个人成长档案袋等方式促进活动效能以及保证学生发展的持久性。

（1）实时微信推送，线上多彩呈现。在每月活动结束后，通过各班班主任收集家长发布在班级群相册的学生实践照片，发送每月主题月实践活动回顾，通过线上展示，让学生和家长能够感受到校园浓厚的校园活动氛围。

（2）成果作品展评，线下激励反思。实践活动的评价更注重学生的自我评价和自我反思。学校着重通过丰富多样的成果展示和活动的拓展延伸，线下收集作品，积极搭建成果展示平台，引导学生进行自我展示、反思，让学生感受丰富的过程性体验，满足学生对评价的需要，推进校园文化特色的建设。

（3）活动手册考核，雏鹰特色争章。根据小队每月上交的活动手册，通过评分细则对每队小队的记录手册进行打分评选，优秀的小队获得本月特色雏鹰争章，争取做到每项活动都能高效完成。

6. 问题与反思

在实施过程中，我们仍然发现了问题——选修活动学生参与比例失衡，出现"一边倒"现象。对这个问题，我们有了初步的改进思路：活动难度设定，自助搭配集星。根据活动的难度系数进行星级评定，规定每月小队需获得的集星数量，学生进行灵活搭配选择活动项目。此外，在学校的小镇校历本中特别标识每月主题活动内容，全体家长、师生能看到一学期的德育活动安排，在此基础上我们融合雏鹰争章和活动记录册，将主题月的成果集中呈现。

"双减"之下，我们打开校门，拓宽育人边界，坚持每月综合主题实践活动面向全体学生，关注每个学生的兴趣激发与习惯养成，促进每个学生全面而自由成长。综合主题实践活动从生出发，因生而设，成为学生每月校园生活的一种常态。我们深知，在努力提升课堂教学实效之外重构校园生活，打通学生学习成长的时空、课程、评价，全链条推进"双减"，让基础教育回归良好状态，培育未来社会的良好公民。

每月活动掠影

健康生活　活力绽放
——南海实验学校长峙小学校区健体月主题实践活动

为全面落实"阳光体育工程"精神，丰富学生的体育活动，激发和保持学生的运动兴趣，培养顽强拼搏、团结合作的体育精神。南海实验学校长峙小学校区开展了健体月主题实践活动，增强长峙巴学园学生的身体素质，以实际行动践行"少年强，则国强"理念。

居家勤运动　劳逸要结合

生命不息，运动不止。作为新时代好少年，不仅需要学习知识，增长才干，还必须坚持锻炼，增强体质。同学们在家通过简单有效的运动项目来磨炼意志，保持健康身体。

巧手做美食　欢乐过大年

传统延续，乐享美味。汤圆和饺子是我们年夜饭上必不可少的一道美味。长峙巴学园的学生了解汤圆和饺子的来历和寓意，并跟家人们一起学做了汤圆和包饺子。今年年夜饭上的汤圆和饺子就由他们来承包了！

一场突如其来的疫情，打乱了我们的生活节奏。在全国上下的共同努力下，疫情防控已经取得了巨大的成功，也让大家感受到拥有强健体魄的重要性，就让我们一起携手运动，赢得健康成长。

志不在高　有愿则行

——南海实验学校长峙小学校区志愿月主题实践活动

三月，春风又绿江南岸。花香渐浓，草长莺飞，微风渐暖，摇曳生姿。阳春三月，暖入人间。恰时光正好，长峙巴学园的学生将奉献精神凝成润物细雨，滋养人们的心田；以实际行动化作迎面暖风，吹进大家的心间。

学雷锋　爱劳动

雷锋叔叔是我们学习的榜样，雷锋精神更是影响了一代又一代的中国人。3月4日周五的特别时光里，我们秉承雷锋精神用行动为校园和社会环境贡献了一份力量。一年级的学生打扫教室，从小事做起，把教室打扫得一尘不染；二年级和三年级的学生在校园内外进行"啄木鸟"行动，为我们校园整洁出一分力；四年级和五年级的学生，走出校园，来到文体中心和如心小镇，摆放凌乱的共享单车、清理草坪中的烟头垃圾，以实际行动创建文明新舟山。

活动篇

光瓶行动　点滴于行

随着瓶装水需求量的逐渐提升，在带来便利的同时存在着严重的用水浪费现象。作为新时代的好少年，我们积极做"光瓶行动"的倡导者、传播者和实践者，共同为巩固深化全国文明城市建设贡献力量。有的小队与组内小伙伴一起宣读了"光瓶行动"倡议书、分享了节水小故事；三、四、五年级的学生分别为节水主题制作了精美书签、宣传画和手抄报，用艺术的表达为"光瓶行动"助力。

春风十里　心植希望

在万物复苏、春暖花开的时节，我们迎来了第44个植树节。大家喊上了小组的伙伴们一起亲手种植了一盆植物，共同体验动手的乐趣，播撒春天的希望。

有一种精神叫奉献，有一种职责叫志愿。从"乐善好施"的千年古训，到"助人为乐"的雷锋精神，让奉献精神在孩子们幼小的心灵扎根，让奉献精神在长峙巴学园中蔚然成风。

莫负春光好时节　相约相阅更相悦
——南海实验学校长峙小学校区读书月主题实践活动

人间四月天，春光无限好。春意醉人的四月，也是我们南海实验学校长峙小学校区的读书月。在这个月，学校里处处氤氲着书香，各种形式的阅读和分享活动丰富多彩。读书月活动在学生的心中播撒下阅读的幸福种子，用阅读开启每一颗纯净的童心，用书香熏陶学生的快乐成长。

好书推荐　共享"悦读"

一、二年级的每位队员以"我喜欢一本书"为主题制作一张精美的阅读推荐卡，学生将这张小小的阅读卡片赠予教师或同学，热爱阅读的温度在指尖传递。三、四、五年级的每位队员以"我喜欢一本书"为主题撰写征文，并有32名学生在征文比赛中获得佳绩。我校积极引导学生养成热爱读书的好习惯。因为爱书，因为阅读，长崎巴学园涌现出一批又一批书香四溢的美好家庭。家长为学生树立了家庭阅读的好榜样，更是让更多的人浸润书香，畅享书韵。

春光照亮讲书人，书香致远向未来。南海实验学校长崎小学校区进行了第5届"小小讲书人"系列活动。"小小讲书人"好书推荐会作为长崎巴学园"读书月"的系列活动之一，旨在通过"讲书"的形式，激发学生阅读兴趣，帮助更多的学生养成阅读文本的习惯。通过初步遴选，共有10位"小小讲书人"脱颖而出，为我们带来了精彩阅读分享。以期用书卷开启每一颗纯真的童心，让墨香环绕在学生的身边。

识各行各业　悟劳动价值

俗话说，读万卷书，行万里书。现在的阅读是为学生将来踏入社会积累才学。各小队共读一本有关不同职业、劳动体验的书目并走近社会，亲身体验某一种职业。有的学生当上了小小牙医，在方寸之间大显身手，有的学生卖力地吆喝做起了小小推销员，还有的学生检查汽车零件做起了维修技术人员。真是行行出状元，样样都精彩。

书香润心　聆听美好

课本是最好的读物，各小队还参加了课文朗读比赛。通过朗读课文，促进学生对汉语言文字的深度理解，提高学生的语言表达能力，培养学生热爱母语、热爱家乡、热爱祖国的情怀。

校园静处遇好友，阅读点亮心生活。让爱读书的我们在感恩月再相遇吧！

活动篇

知恩于心　感恩于行

——南海实验学校长峙小学校区感恩月主题实践活动

感恩爱、懂得爱、学会爱是学生成长中的重要课题。"感恩教育"更是"爱的教育"，是一种情感教育，只有抓住每一个教育契机，长峙巴学园的学生才能拥有一颗"温暖良善"之心。五月是我校的感恩主题月，在主题实践活动中让学生对感恩有所体会，用不同的方式和行动表达感恩。

爱的活动　感恩生活

充斥着爱与感恩的五月。学生把满满爱意分成了三份。

第一份爱：感恩身边人，敢于说爱。大家用自己的方式表达爱。比如，给爱的人一个爱的拥抱、帮家人做一件家务、陪他们做喜欢的事……一张张感恩卡、一个个拥抱，多种多样的形式表达了孩子们深深的爱与感恩。

第二份爱：感恩自然，成长为伴。校园里的每一棵树、每一朵花都是学生的伙伴。低年级段的学生在教师的带领下认识了校园植物，还为植物清理了落叶，让他们能够茁壮成长；中高年级段的学生则自己动手采集枯枝树叶制作各类工艺品和手工画来美化我们校园环境。通过"植物名片制作大赛"，学生了解校园内的花草树木，从关心身边的植物开始，在孩子们的心田播下爱护大自然的种子。

第三份爱：劳动作品，爱心拍卖。学生通过自己的劳动制作出一件件精美的手工作品进行义卖活动。筹集的善款将捐赠给需要关爱的人，献出学生的一片爱心，回馈我们的社会。活动现场到处是学生的叫卖声，教师也来到现场，给学生捧场，现场忙碌又热闹……

走近传统　感恩自然

为了让学生感恩自然，了解传统节日和节气的来历和意义，并让学生体验民俗活动，感受中华民族传统文化的魅力，增强学生的民族自豪感。长峙校区开展了一系列以立夏为主题的实践活动。

俗语云："立夏称一称，小孩免疰夏"。据说在立夏这一天小孩称了体重会带来福气，不怕夏季炎热，不会消瘦。一年级段学生学习编五花八门的蛋套，队员之间斗蛋游戏，争夺"蛋王"称号；二年级段学生吃完蛋后，利用这些蛋壳制作一幅有关爱党的蛋壳画；三年级段和四年级段的学生化身小厨神，制作醇香入味的茶叶蛋，还用蛋作为原材料，烧了一道美味可口的菜肴与大家分享；五年级段学生奇思妙想，发起了"鸡蛋撞地球"保护计划。小组合作思考设计了一款从高空坠下生鸡蛋不碎的护蛋装置。在他们的身上看到了一位位祖国未来科学家的身影。

莞尔一笑　感恩生活

在世界微笑日到来之际，南海实验学校长峙小学校区发起了"你笑起来真好看"笑脸征集活动，寻找校园里微笑的瞬间。微笑，虽然只是一个简单的动作，却能传递出一份和谐、一种力量，展示出自信、礼貌、热情、友善、文明的新形象。长峙巴学园的师生用微笑去传递文明新风，我们以灿烂的微笑感恩回礼和平、美好的生活。

一纸情长　感恩长辈

书信传递着言语所不能表达的力量。一笔一画，用稚嫩的字迹书写对长辈的感恩之情。学生将感谢信传达给了教师、校医、保洁阿姨、园农伯伯、门卫叔叔、食堂阿姨……这些默默无闻奉献的人值得我们学习和赞美。

活动篇

丰收硕果　感恩大地

各小队组织走近农场，摘一摘蚕豆、豆角等蔬菜，尝一尝美味可口的新鲜水果，感受大地对我们的无私馈赠。

"让感恩成为一种习惯"，感恩月主题实践活动不仅带给学生有意义的感恩教育和思想上的浸润，同时丰富了校园文化，增进了父母与孩子之间、教师与学生之间的情感，让学生学会感恩自然、感恩长辈、感恩大地，真正做到"知恩于心，感恩于行"。长峥巴学园学子的感恩之爱将永不停止，努力成为一名"温暖良善"之人。

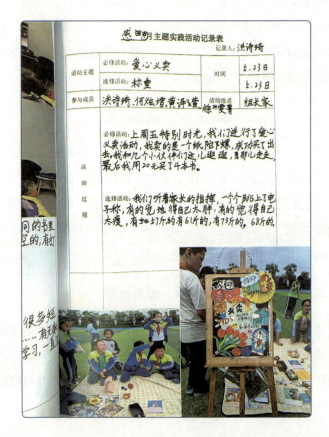

采撷幸福　暖意生活
——南海实验学校长峙小学校区采撷月主题实践活动

轻轻推开六月的帘幕，柔风轻轻，雨丝飘逸；轻轻推开六月的帘幕，花香漫漫，海浪欢喜。点滴于行，恰是收获之时。记录足迹，正是采撷之际。美好不期而遇，成长如约而至。在六月的绿色海洋中，如一叶扁舟载着我们采撷生活的美好果实。

浓情端午　粽情粽意

端午佳节粽飘香。端午节作为中国首个入选世界非物质文化遗产的传统节日，已不仅仅是一个节日、一个文化符号，更是一条凝结着民族精神与情感的纽带。各年级的学生沉浸在端午节的浓郁气氛中，一起开展了各项端午主题实践活动。

龙舟竞渡，是端午节的传统民俗活动。一年级的学生用手中的画笔画一画色彩缤纷、神采夺目的龙舟。一（6）班的小队员还用微视频有趣的形式记录了整个活动过程，一起来看看吧！真是一次有趣的创作体验，相信他们在这次龙舟制作中更加懂得了团结合作的力量。

佩戴香囊，蕴含着人们祈福纳祥、祛邪辟秽的美好愿望。二年级的学生别具一格，结合美术课上的学习方法，利用纸材制作一枚精美的香囊。真正做到了学以致用。

三年级的学生走进市场，来一次"玩转粽子大调查"。调查了市面上粽子的口味、造型、价格等，整理成一份图文并茂的调查表。在他们的身上看到了"敏学善思"的长峙巴学园学子的身影。

端午吃粽子是中华民族的传统习俗。四年级的学生学习如何包粽子。他们在爸爸妈妈的示范和细心传授下，把粽叶挽成漏斗状，放进糯米，再放上自己喜欢的馅料，用粽叶把米包住，用手指按住绳子一头，一缠一系，不一会儿，一个个形状不同的粽子就包好了。吃上自己亲手包的粽子，香在嘴里，美在心上。

龙舟有着精诚团结、永不服输的精神。五年级的学生运用纸材、木材等材料，合作设计了一艘艘造型独特的龙舟模型。龙舟模型，方寸之间尽是精巧别致，制作的每一道工序都是对他们的一次挑战。在制作过程中，他们更能体会到手艺人对"匠心"二字的执着和态度。

低碳环保　玩转绿色

从小树立绿色低碳、环保健康的生活理念，做好我们生活中废旧材料的回收和再利用，具有十分重要的意义。变废为宝、旧物改造是一种对自然负责的生活方式。学生把家中的闲置和废旧材料利用起来，改造新玩具、工艺品。真是低碳环保，充满创意，为他们的奇思妙想点赞！在6月10日周五班队课上，各班级还组织开展了以"环保我先行"为主题的主题班会和环保知识竞赛。

爱眼护眼　"睛"彩一生

眼睛是心灵的窗户，让我们看到生动美好的世界。小学阶段是视力发育的重要时期。低段队员们一起学做米字操，通过眼内外肌群全方位的协调运动，增强眼部血循环，改善眼部疲劳；中段队员们以挑拣豆子、玩"接子"的游戏方式手眼协作，放松紧张的眼睛；高段队员们用形象生动的绘画语言告诫提醒大家要爱眼护眼，科学用眼。

六月的阳光明媚生动，采撷生活中的小小幸福果实，温暖校园中的精彩生活。遇见美好，收获成长我们新学期再见。

互助友爱　感恩同行

——南海实验学校长峙小学校区友友爱月主题实践活动

为了营造良好的校园氛围，培养学生"温暖良善""担当有为"的品质，我校在美好的九月开展了"互助友爱　感恩同行"友爱月主题实践活动。

"童"心献礼　我爱祖国

为了进一步培养学生的爱国主义情怀，树立以实现中华民族伟大复兴为己任的崇高志向，长峙巴学园开展了我会唱"国歌"、我与国旗合个影、华夏文明我来赞等一系列校园爱国主义主题实践活动。

"童"声祝福　我爱老师

尊师重教是我国的优良传统，早在西周时期，就提出了"弟子事师，敬同于父"。恰逢第37个教师节，可以启发学生对教师的崇敬之情，让他们懂得感恩。9月10日出操时在音乐教师的带领下唱跳《听我说谢谢你》手语操！在歌声中感谢师恩，祝福老师们节日快乐！

"童"行相伴　我爱同学

为了帮助一年级的学生更好地融入校园生活，感受巴学园学生之间的友爱之情，开展了"大手拉小手"系列活动。9月10日班队课上，组织三、四、五年级学生进行捐款活动。全体学生积极响应，伸出友爱之手，一张张纸币陆续落入捐款箱。集腋成裘，滴水成涓，我们的善款虽然有限，但我们的爱心无比宽广。

暖暖的九月，巴学园开始了又一个周期新的生活，我们用最简单话语、精彩的掠影回味着这个月的美好，让我们共同期待十月尚学月的精彩活动吧！

活动篇

敏而好学踏征程

——南海实验学校长峙小学校区尚学月主题实践活动

十月，高朗的晴空、多彩的秋叶点缀着缤纷的秋季。而此时落英缤纷的季节里，长峙巴学园的学生不仅探寻着秋之美，还渴望着学之美。

劳动体验学种植

为了使巴学园的学生走进自然，感知集体，体验劳动，大家摇身一变，成为一名小"菜农"，学习种植绿色蔬果，班级进行一个月的养护。大家在感知大自然和劳动的魅力同时，提高了劳动能力，增强了互助合作的意识，收获了劳动的激情和快乐！

建党百年学经典

阅读红色经典，传承红色基因。每班阅读了一篇红色经典美文，在阅读中回顾党的奋斗历史，在经典中探寻红色初心，在阅读中汲取精神营养。中高年级的学生还完成一张硬笔书法作品，通过对红色经典诗歌的书写，进一步增强了学生写规范字、用规范字的意识，促进学生养成良好的书写习惯，引领大家传承红色经典。

细心观察学而思

一年级学生进行水培植物观察。种植水培植物并观察拍照记录植物生长变化，制作一本水培植物观察记录册。二年级学生进行月相记录。每天选择合适的时间观察一次月亮，把看到的月亮形状画下来，并制作一本月相观察记录册。三年级学生制作天气日历。对舟山定海地区天气进行观测和记录，制作一张内容齐全、图文并茂的天气日历。四年级学生制作小乐器。用合适的材料制作一件小乐器，并尝试演奏一首歌曲。

运动健康学技能

秋季是最适合学生锻炼的黄金季节。长崎巴学园的学生一起学习运动技能来强身健体。一年级学生学习跳绳。二年级学生练习跳绳，要求一分钟跳130下。三、四、五年级学生练习踢毽子，要求三年级学生能连续踢10个以上，四年级学生能连续踢15个以上，五年级学生能连续踢20个以上。

子春之韵，学为之最。人生有涯，学海无涯。崇德尚学，乐于践行。德智体美，全面发展。

活动篇

我们在行动
——南海实验学校长峙小学校区践行月主题实践活动

葭月之韵，韵在秋叶飘飘，秋意绵绵。那和煦秋日中的阵阵馨香，那阵阵馨香中的缕缕歌声……无不如诗、如画，在我们的心头萦绕，牵动着你我去探寻。古人云："读万卷书，行万里路。"我们在书本中汲取了丰富的知识后，要将所学在生活中践行。时光正好，长峙巴学园的学生踏着轻盈的步伐出发了！

秋景山游我探索

在践行月中，学校组织全体师生开展了秋游活动。漫步在家乡秀丽河山的同时，有的学生用画笔一笔一画记录下正在飞速发展的美丽家乡；有的学生将金黄的落叶拼贴成一幅幅精美的艺术品；还有的学生用文字记录秋天的变化。

绿能驿站我助力

保护环境，人人有责。作为新时代的好少年，要积极树立环保意识，从小养成垃圾分类投放的良好习惯。践行保护环境，从回收废纸开始。学生积极将班级中的废旧纸张送往绿能驿站进行回收并兑换奖品，为绿能环保贡献一份微薄力量。

生活本领我能行

为了培养学生的自理能力，养成自己的事情自己做的意识，各班级组织开展趣味系鞋带比赛，并评出了若干名系鞋带小能手。

硕果拼盘我创新

秋天象征着成熟，能给人们带来收获的喜悦。秋天的硕果就是大自然对我们的馈赠。发挥自己的聪明才智，根据自己的创意设计出一份别具特色的水果拼盘。

好吃

今日の快乐

Live a good life meet slowly.

繁星义募我争先

    长崎巴学园的学生成为一个个义卖志愿者。各班闲暇小队利用双休日休息时间进行《小繁星》义卖活动。大胆自信地向陌生的叔叔阿姨们推荐我校整编的《小繁星》，里面记录着巴学园学生稚嫩而富有诗意的文字。

    吾尝终日而思矣，不如须臾之所学也。吾尝跂而望矣，不如登高之博见也。敏学善思躬亲实践，一路践行一同"丰享"。

活动篇

结丰硕果　共享成长

——南海实验学校长峙小学校区丰享月主题实践活动

一分耕耘，一分收获。生活是一方沃土，你播下什么，就会收获什么：播下一种心态，收获一种思想；播下一种思想，收获一种行动；播下一种行动，收获一种习惯；播下一种习惯，收获一种成长。收获总是带着特有的喜悦气息，透着成熟的光芒出现在我们面前，体会欢乐丰收的真谛。长峙巴学园的学生快将满满的收获与大家共享吧！

举手之"劳"，躬行实践

一、二年级的学生大胆发挥想象，运用颜料、彩纸等媒材对纸杯进行创意设计；三年级的学生利用废旧鞋盒制作一个功能齐全、造型美观、个性独特的简易收纳盒；四、五年级的学生运用简单的编织方法制作一条围巾。

童心慧作，"艺"展风采

虎年大吉，虎虎生威。新年将至，整个校园都沉浸在虎年的热闹氛围中。学生采用中国传统艺术表现形式（如窗花、花灯、剪纸、中国画等），创作出了一件件与"虎"有关的艺术作品来装点教室，校园顿时散发着一股浓浓的年味儿。

团结协作，一心同"体"

　　校园足球联赛是长峥巴学园特色的体育运动项目。在绿茵赛场上，学生拼搏进取、担当有为。教师用镜头捕捉在球场上挥洒汗水的运动健儿们、进球的一瞬间和啦啦队的加油呐喊。同学间的团结与热情体现在校园的赛场上……

　　丰收的感动是凝结了一学期的勤劳和汗水；分享的喜悦是付出了同学间的真情和友善。生命中的"丰享"仍在悄然继续……感动着你，激励着我，一月已来，健体月我们进行中……

活动篇

特别时光课程：特别美好

教育起源于人际交往。教育者、受教育者、教与学的内容，是教育的最基本元素。我校的"特别时光"校本活动课程，正是把教育的基本元素巧妙地糅合在一起，利用"特别时光"的名义，让人期待和遐想。"特别时光"，留下学生童年一串串特别的成长足迹，在活动中展示、交流、学习，时光中沉淀为特别的童年记忆。让学校、伙伴、师长，温暖学生儿时的求学时光。我们不会停止探索的脚步，用"教天地人事、育生命自觉"的教育追求，在每周五的"特别时光"中静待花开……

"特别时光"，剪一段最美时光

"特别时光"完全基于生本教育"一切为了儿童、高度尊重儿童、全面依靠儿童"的教育理念，秉持"儿童即可能、教育即呈现"的教育情怀，教师创设平台，给学生自信阳光、表达自己、参与体验校园多彩学习生活的时空。

在每学期末，全体教师共同参与研讨确定每周"特别时光"主题，每个学科、部门的教师负责每期不同的特别时光课程筹备、组织、反馈。期初，在学校的《小镇校历本》中就特别标识"特别时光"课程内容，全体家长、师生对一学期的"特别时光"安排一目了然，主要基于学科常态学习后的活动互动展示、分享，既有个体的呈现，也有团队项目的分析。

就学校课程管理而言，综合实践课程最容易走向随意化、单纯的活动化，而"特别时光"课程固定时间、提前谋划主题、确定项目化团队每周责任制三落实，就极大保证了"特别时光"综合活动课程的实效，提升了学校课程实施品质。

在学生核心素养导航下，我们学校以培养"敏学善思、温暖良善、担当有为"的小公民为目标，每一周的"特别时光"课程主要会以某一学科为主。但学校始终秉承着"大课程"的教学理念，落实学科整合，促进学科之间的融通，相辅相成，加强学生对事物的整体认识，减少片面化和单一化，为从小培养学生的综合思维能力奠定了良好的基础。随着年级的增高，课程会有越来越多其他的课程融合进来，形成多姿多彩、独具特色的课程体系。

比如，每学期的秋游综合实践活动安排在周五"特别时光"举行，打破了一般的春秋游坐上大巴、带上零食走走吃吃的局面，通过巧妙设计，让语、数、音、体、美课程走进秋游，极大丰富了秋游的本质内涵。

又如，"自然冬日 寻找探索"科学特别时光，学生通过以"自然笔记"的方式观察记录校园冬天的树木感受冬日、收集家庭有机垃圾开展绿色

活动篇

堆肥、感恩自然等活动的有机组合，学生不仅在体验中收获对自然的认识和理解，更增加了对自然的敬畏。在整个课程中，学生看一看、写一写、画一画、说一说、动一动，不仅学习运用科学知识和观察能力，还无形中调动了语文的写作能力、说话能力和美术的绘画构图能力。因此，在每一次的特别时光活动课程设计中，如果我们的学科教师都能着眼于学生核心素养的形成，以全科意识打破学科壁垒，灵活贯通运用知识，那么，我们的学生也更能在课程活动中学有所得，学有所乐。

新教育认为，儿童的学习不应该只是"为将来的工作与生活做准备"，教育本该是生活的基本方式。儿童今天在学校里所接受的教育，在为其长远的人生与社会理想服务的同时，本身就应该是幸福的生活。关注儿童的生活，生活就是发展；肯定儿童的独特性，独特性就是可能性，就有生长力。我们的教师认为，随着活动的体验、经验的累积，学生不断的生长就是生活。为学生从生活中、从经验中的学习搭建支架，给予展示交流，这就是最好的大课堂，是真实学习的平台。

以课程进行"特别时光"安排学习，各传统时节也是一个重要的组合元素。元旦游园、清明端午与立夏……学会利用节日的文化内涵和教育价值，给学生带来的不单单是形式上的祝福祈祷，更是对传统的传承、革新，地球村开阔的国际视野。我们把中国传统的节日纳入特别时光课程，具体包括：一元复始新气象——元旦迎新；辞旧迎新过大年——纳福春节；花灯如昼闹元宵——元宵灯会；莺飞草长思故人——清明寻根；粽香飘来赛龙舟——端午赛舟；海上明月共此时——中秋赏月；登高赏菊感恩时——重阳敬老。年年有佳节，传统不相忘。学生参与体验、交流共享，在活动中接受熏陶并习得中华优秀传统文化。

例如，在我们举行过的"特别时光"之"玩转立夏"活动中，通过前期搜集立夏习俗，让学生了解立夏的来源和风俗；家委会准备传统的大秤、箩筐来校让学生坐在箩筐称体重，将数学知识融合认知不同的计量单位"公斤""斤""千克"等，统计班级中学生的平均体重；和长辈一起学习编织蛋笼挂脖上，习得传统技能；蛋壳上画画共读的好书——《笨狼的故事》，将语文美术完美结合；组织全校拼蛋，学习蛋的结构特点和受力原理，赛出"蛋王"，明白其中的科学原理。

从传统佳节的活动中，我们挖掘并生成学科渗透的课程元素，让学生在特别时光综合实践课程中获取对传统节日的认知，更有体验、操作、感悟和思考。

在课程活动设计中，针对小学生的心理特征，根据各年段年龄和学力特点，我们往往会设计分年级的活动方案，尽量给每一个学生都能提供一个展示锻炼的平台，让学生在悦纳自己、欣赏同伴的过程中，激发学生学习的自觉性，学会合作互助。

比如，上学期进行的识字大会，一年级学生是手画汉字，是对甲骨文的临摹描绘，而四、五年级学生则是"字谜大会"，全体学生创编和搜集各种字谜，将字谜谜面写在纸片上，再进行游园会的布置，最后让学生自由猜谜，兑换奖品。在活动过程中，学生不仅感受到了语文学习的趣味，还加深了对汉字各部分构件的认识，了解了中国汉字的独特魅力。又如，上学期数学特别时光，一年级——魔尺变变变，二年级——有趣的七巧板；三年级——24点大挑战；四年级——神奇的模仿；五年级——玩转数独，引导各年级的学生"玩"数学，在玩中探寻数学之趣，在比赛中感受数学思维之美。

我们设计的特别时光综合实践校本课程，每一次都能将所学知识呈现于活动中，即时学习所得展示，更是对学生综合性实践课程的评价反馈。在活动展示中，我们突破常规课堂的单调，开发了种类丰富的活动形式，让学生在快乐有趣的活动中细无声地成长。

1. 活动展示，成果反馈

在特别时光"我爱阅读"系列活动——跟着小鸡去冒险中，我们以绘本《不一样的卡梅拉》中的卡门为切点，通过情境创设，带领学生共同深入品味绘本的动人故事。学生声情并茂地分角色朗读、表演，台上台下互动续编故事，校长赠送图书，在活动中打开阅读的大门，激发学生的阅读兴趣。

音乐、美术等综合学科也是力争让每一个学生都站在"特别时光"课程的舞台中央，学科组教师根据本学期的教学重点将学生的所学用大活动的形式进行阶段性成果的展示汇报。例如，美术和三八节、母亲节结合的"巧手剪爱""我手绘我心"活动；音乐和建队节融合的"唱响我们的节日"活动，都巧妙地把"美育"贯通在综合实践活动课程中。

活动篇

2. 团队展示，合作评价

在每一次的活动中，我们都能以团队合作的形式来进行，"特别时光"以教研组为单位进行策划。不仅如此，在活动过程中，更注重对学生的合作能力的培养。美术科的"特别时光"中，我们的小组为单位进行风筝设计，以"红色梦想"增广课程，以班级为单位进行红色故事宣讲，都让学生在团队的共同展示中凝心聚力，感受独特的校园生活。

3. 作品展评，激励评价

"特别时光"的成果作品展评，旨在引导学生关注自我评价和自我反思。为了实现丰富多样的成果展示和活动的拓展延伸，我们线下收集作品，积极搭建成果展示平台，引导学生进行自我展示、反思，让学生感受丰富的过程性体验，满足学生对评价的需要，推进校园文化特色的建设。

4. 心情日记，呈现收获

每一次活动后，记录小海豚心情日记，更好地搭建了让学生内化和展示的平台，写出活动的收获，倾吐活动的感受，在心情日记中，看得见活动的价值和意义，也看得见孩子的收获与成长。

5. 微信推送，记录成效

实时微信推送，线上多彩呈现。在每次活动结束后，通过线上展示，让学生和家长能够感受到校园浓厚的校园活动氛围，美好的校本课程时光有效促进孩子们的成长。

2021学年第二学期的15期"特别时光"集锦

"虎虎生威 艺展风采"
——寒假才艺展特别时光课程

落实"双减"开创新格局，才艺展示迎接新学期。为丰富校园文化生活，促进学生全面发展，南海实验学校长峙校区于2022年2月18日下午"特别时光"开展了"虎虎生威 艺展风采"为主题的寒假才艺展示活动。

本次才艺展示活动由各个年级选派节目参加。例如，歌唱、舞蹈、戏曲、器乐、双簧、相声等节目，轮番上场，可谓是精彩纷呈。一个个优美的舞姿，一首首动听的歌曲，一道道风景，一场场盛宴。巴学园里飘荡着快乐的歌声，散发着艺术的芬芳，洋溢着蓬勃的朝气。本次才艺展在大家的欢呼声中落下了帷幕。

拔河比赛特别时光

第二周特别时光，我们学校分年段进行了拔河比赛。在比赛中，参赛队员抓紧绳子，听从指挥，各个鼓足劲，全力以赴，展现出南海实验学校长峙小学校区学生团结协作、拼搏进取的精神面貌。一场场精彩的比赛，赛出了水平，赛出了风格。最后，决出了各年级冠亚季军，比赛顺利结束。

活动篇

比赛有胜负，球场无输赢
——第二届校园篮球联赛

　　为了丰富学生的课余生活，提高学生综合素质，增强集体凝聚力，展现学生积极向上的精神风貌。2022年3月2日，南海实验学校长峙小学校区第二届校园篮球联赛正式拉开了帷幕。

　　在比赛中提升，在经历中成长。这次集智慧、力量、技巧于一身的篮球联赛，让学生开阔了视野，增长了见识，也增强了学生的凝聚力和大局观。相信在未来的比赛中，学生的表现一定会更出色！希望通过这次比赛，学生能学会团队配合，在赛场上学会互相支持、互相帮助，并一起享受体育运动带来的快乐！

绿色发展，节水为先

——美术"特别时光"之节水标志设计

微风阵阵拂碧水，年复一年芳草绿。在这美好的三月，我们迎来了世界水日。为了进一步培养长峙巴学园学生爱护水资源意识，增强学生节水用水、保护水资源的自觉性和责任性。南海实验学校长峙小学校区开展了以"绿色发展，节水为先"为主题的美术"特别时光"。

活动中，教美术的董老师利用丰富的图片资料向学生介绍了地球用水紧缺现状，了解淡水的珍贵，唤起学生爱水、节水、护水的意识。瞧，学生用自己稚嫩的画笔设计节水标志，大家通过讨论节水方法、制作节水标志、思考经营标志位置，在这一张张节水标志中蕴含的是学生节约用水的优良品质。

春日百花放，诗香溢校园

——第三届诗词大会

教室门口张灯结彩，各色的纸条象征春的多彩，放眼望去，校园里处处都显现出春的气息。铃声一响，一、二年级学生在班主任的带领下，在校园里寻找春天，共读诗歌。三年级学生通过情境配乐诵读，将积累的关于春天的诗词进行展现。四、五年级学生相聚在报告厅，参与本次"诗词大会"的比赛。

活动篇

活动中，学生跃跃欲试，带着全班学生的期望上台，现场气氛紧张而热烈。"吟诗作对"中，学生轻松应对，一句句经典脱口而出；"文章天成"环节，学生屏息凝神，把一组组打乱的文字组合成精妙的诗句；"诗情画意"这关借图入境，让学生化为小诗人，唤醒积累，让文采流淌。最扣人心弦的是"腹有诗书"抢答环节，学生反应灵敏、沉着应战，展示出了丰厚的文化功底和丰硕的诗词诵读成果。

在这段美好的时光中，学生不仅沉浸于紧张的比赛气氛中，更沉醉在中华诗词的文化意蕴里。

春之"韵"
——"春日诗会"英语特别时光

春天是一个万物复苏的季节，是美好而又充满希望的季节，在学生的眼里，她生机勃勃、如诗如歌。南海实验学校长峙校区借着美好的春光举办了本期英语特别时光——"春日诗会"，让学生用诗歌来表达对春日的喜爱和赞美。

在本次活动中，学生增强了团队与合作意识，感受到了语言与诗歌的魅力，这一定能鼓励他们更加自信、大胆地用英语表达自己，进一步营造我校的英语学习氛围。

扬亚运精神，展长峤风采

4月7日上午，南海实验学校长峤小学校区第二届田径运动会拉开帷幕。伴随着雄壮的乐曲，沐浴着春日的暖阳，入场仪式正式开始。国旗、校旗、会旗方阵英姿飒爽，鲜花、彩旗方阵的学生手持道具，彩旗迎风飘扬。

班级方阵中的学生穿着各色班服，排着整齐的队形，迈着矫健的步伐，喊着嘹亮的口号，在主席台前展示了别具一格的年级风采。

美好、震撼、令人感动的瞬间数不胜数。赛场上，每一位小运动员都令人尊重，他们不怕失败，勇于挑战，敢于拼搏！场下激情四射的拉拉队，高举加油牌，每一次呐喊、每一次挥舞，用尽全身力气给予运动员力量！家长志愿者相互协作、出谋划策，在每一个角落都有他们忙碌的身影，提供坚实的后盾！裁判员公平公正，保证比赛的有序进行！

运动会的每一份荣誉，离不开每一次的坚持与鼓励；运动会的顺利举办，离不开每一位师生的支持与配合！"少年负壮气，奋烈自有时"，这次的结束是新的开始，愿长峤学子们继续前行，收获一路绮丽的风光！

活动篇

激荡思维，趣味争星
——数学特别时光

本次竞赛知识点紧密围绕数学课本里的思考题展开，本着"源于教材又高于教材"的出题理念，以"训练思维，提高解决问题的能力，提升学生数学素养"为目的，全面考查学生的数学综合运用能力。竞赛过程井然有序、考风优良。学生认真审题，严密分析，细心计算。我们还特别邀请了获得一等奖的学生为大家开展"小智（峙）讲题"的活动。

数学思维不是一种知识，而是一种能力，它是搭建数学世界最重要的根基，也是学生数学学习的核心要义。通过数学思维竞赛，全体学生在参与过程中进一步发展自己的思维能力，培养学生对数学的兴趣和热爱。同时，通过这样的活动，让数学教师深刻认识到：培养学生的数学思维和能力，是一项长期工作，需要我们落地课堂教学又高于课堂，持之以恒开展。

春光照亮讲书人，书香致远向未来
——第五届"小小讲书人"活动

四月，虫儿低吟，绿意滴翠，阳光明媚，嫩枝娇花羞含情，最是一年春好时。为进一步营造浓郁的阅读氛围，打造书香校园，南海实验学校长峙小学校区"小小讲书人"活动在众人的期待中"信步而来"。

在前期年级段的初步遴选中，10位"小小讲书人"脱颖而出，进入全校"讲书"比赛。周校长亲切地告诉学生读书的意义，希望学生能够时刻读书，与时俱进，不负好时光。还与学生分享了今日"小确幸"——在座评委中，我校首席教师金红月竟是特邀嘉宾舟山市樊登读书会会长周老师曾经的语文老师。这样的巧合使得学生不禁欣然一笑。"是什么能让我们以这样的方式重聚？"此问题一出，学生胸有成竹："书籍！"果真是"缘"来如此！

"劳动最光荣"
——劳动周特别活动

为了践行五育并举，培养学生正确的劳动价值观和热爱劳动的良好品质，养成积极的劳动习惯，激发学生的劳动热情，懂得珍惜劳动成果，南海实验学校长峙校区特开展"劳动最光荣"主题劳动周特别活动。

周一的升旗仪式上，大队部的汤老师呼吁大家热爱劳动，争当"劳动小达人"，并宣布劳动周启动。周二利用大扫除时间，学生和教师一起为校园"美容"。各班进行教室卫生维护、班级包干区清洁、专业教室打扫工作。教师进行各办公室清洁卫生工作。周三的活动主题是"美味佳肴我来做"。周四的活动主题是"我是整理小达人"。周五的活动主题是"快乐校园一日游"。学生齐心协力在校园里搭好帐篷，团团坐在一起。例如，聊天、

活动篇

看书、下棋、唱歌、游戏……享受着属于他们静谧快乐的时光。帐篷休息结束后，一场别开生面的劳动技能竞赛开始了。学生个个争分夺秒，既紧张又兴奋，努力地展示着自己的劳动能力。这是一场耐心、细心和速度的考验。学生自制

营养美味的便当和学生分享，大家互相分享美食，评选最佳美食。

劳动教育是学生五育并举的重要一环，幸福生活建立在辛勤劳动之上。通过本次活动，学生体会到了劳动的价值与辛苦，感受到了劳动带来的快乐，劳动播种希望，收获幸福。

疯狂的鸡蛋
——科学特别时光课程

一枚小小鸡蛋蕴含多少秘密？一颗平凡鸡蛋如何玩出大花样？可别小瞧这枚鸡蛋，南海实验学校长峙小学校区的学生就围绕鸡蛋玩出了大文章，度过了一个特别的下午时光。

一、二年级的学生脑洞大开！他们通过改变接触面光滑程度、增大接触面积、利用重力和身边的材料来制作科学、美观、创意、有趣的鸡蛋不倒翁，成功地让鸡蛋立桌不倒。三、四、五年级的学生正在进行的"鸡蛋撞地球"的活动。有的学生利用降落伞增大空气阻力，使鸡蛋连同整个装置平稳降落；有的学生用较多的减震材料将鸡蛋严严实实地包裹起来，如泡沫、棉花各种填充材料等；有的学生把整个装置制作成一个多面体，将鸡蛋用结实的绳子固定在多面体的中央，使整个鸡蛋悬空；还有的学生将鸡蛋放在几个气球中间……学生个个都拿出了百般武艺，装置美观，设计精巧。

比赛开始了，伴随着此起彼伏的呼喊声，鸡蛋君们从三楼纷纷跃下，有些"啪"一下碎了，有些"晃晃悠悠"飞走了，还有些"Duang"一声，安全着陆正中靶心，所有的作品都赢得了学生的掌声。

仲夏歌嘹亮　我们向未来

——音乐"特别时光"课程

迎着朝阳唱出我们心中的歌，全校30个班级的学生以自信的笑容、饱满的激情、动听的歌声将内心的喜悦与童年的美好、热情活跃在南海实验学校长峤校区的舞台上，赢得了大家掌声和赞许。

"少年强，则国强。少年富，则国富。少年独立，则国独立。"我们长峤少年就是祖国这个大花坛里含苞待放的花蕾，我们长峤少年就是要去不断创造新的希望，我们长峤少年必将时刻准备着去吹响冲锋的号角。

活动篇

关爱心灵成长

——首届校园心理剧大赛

　　"5.25"谐音"我爱我"，寓意为认识自我、接纳自我、爱惜自我，肯定自我的存在价值，关爱自己及他人的心理健康和成长。为了帮助学生表达在日常校园学习生活中所遇到的种种，提升学生对于身心健康的认知能力，增强学生的校园角色体验感，我校特举行了首届校园心理剧大赛。

　　在首届心理剧展演中，四、五年级的学生分别进行了《我不是坏小孩》《熊孩子的孤独》《生气汤》《送你一颗心》《爸妈教我当班长》5个心理剧的演出，学生展现出了自己独特的风采，收获了师生的一致好评。

这样的作业展评你喜欢吗？

——双减下"全科+特色"作业展评活动

　　为深入贯彻国家"双减"政策下的各项作业管理制度，进一步落实市教育局攻坚克难重点工作，优化作业设计，加强教学常规管理，端正学生的学习态度，养成良好的书写习惯，提高作业书写质量，6月10日南海实验学校长峙小学校区各年级段开展了"'双减下全科+特色'优秀作业展评"活动。

　　本次活动由学校教学管理处组织实施，以年级段为单位，涵盖了语、数、英、科、美术、劳动学科。为了使本次作业展示更符合学生个性，更具有学科特色，在展示课堂优秀作业的基础上，各学科教师开学初就根据教学管理处的工作要求设计了形式多样的"特色作业本"，强化了作业的实践性、探究性，实现作业精准化，更好地培养学生的学习习惯和思维品质，促进学生个性化发展。此次展评，从作业内容的选择到作业形式的革新，都体现了教师对"双减"政策的时代价值与意义的深刻理解，展现了教师精讲精"作"，"业"精于勤的品格。学校也将以此活动为契机，继续搭建教师之间相互交流借鉴的平台，促进教师业务能力的提高，起到以展促学、以评促优的作用。

童心尚学　向光而行
——一、二年级游考

绿树阴浓夏日长，智慧游考乐无穷。5月24日，南海实验学校长峙小学校区的校园热闹非凡。一、二年级的学生手持自己精心美化的游考卡，准备来一场"童行之旅"。

教师前期的惊喜策划与准备，家长义工的全程参与协作，学生认真地复习与配合，本学期的语文、数学、科学知识全部穿插在"童行之旅"中，让学生在知识中旅行。这样寓学于乐、寓教于乐的方式让学生兴奋不已，兴趣是最好的教师，学生将带着对未来美好的期待，驾着梦想的扁舟不断前行！

增广通识课程：博闻广记　开阔包容

学校在国家基础课程、拓展课程之外，开设每周一次的年级段大课——增广通识校本课程。设想用主题串联的方式，在学生启蒙阶段以广博的"文、史、哲、科学"等知识为有结构、有层次的内容补充，旨在让学生思维宽广、思考深入，逐步扩大学生的认知边界，有开阔的视野、包容的肚量、跨学科学习的能力和丰富的学识修养，获得可迁移的思维能力，为培养"敏学善思、温暖良善、担当有为"的未来公民而服务。

童年在校本课程中闪亮

科学的教育观、儿童观只有落实到课程中才能对教育实践产生影响。提升教育教学质量，提升儿童在校生活学习的品质，关键是课程的完善落实。

增广通识课中的增广源于《增广贤文》。《增广贤文》简称增广，为中国古代儿童启蒙书目，有大量篇幅叙述如何为人处世、待人接物，其中蕴含着一定的思想观念和人生智慧。而我校的增广课程其范围更为广泛，一部分是校外教师主讲的"游古寻源"，介绍中国历史和中国文化，品读经典古诗词，提高学生的文学素养。其教学的基本流程为：先介绍相关的历史知识或故事，再就讲述的内容进行提问，让学生当堂巩固，然后学习与本讲内容相关的古诗词，最后让学生在理解的基础上进行背诵，有的还配成歌曲让学生诵唱。课后让学生以班级为单位分享本堂课的收获，教师适时引导，说、写增广课程的感想作为当天学生日志的内容。另一部分是由家长团组成的通识教学，其内容是天文地理、自然科学、海洋生物、生活常识、学科知识等。每一课都是一顿文化大餐，不仅有助于学生丰富课外知识，积累语言，开阔眼界，更有助于陶冶学生的情操，提高修养。每一次主讲的家长，都根据低年级学生的年龄特点做好PPT或插入视频，课间还有互动环节，让学生在形象有趣的教学中获取知识。对于主讲的家长，我们会献上少先队的礼物——红领巾，还颁发证书，给家长留下温暖的记忆。

随着学校的扩建，外聘教师和家长的课程已经满足不了学校的需求。为了让学校的教师和学生有机会把自己的通识分享给大家，我们的讲课队伍又增加了学校的首席教师和四年级段的优秀学生。让愿意讲、能讲的学生来担任主讲，给学生锻炼的平台，发挥学生的潜能，从而促使更多的学生加入主讲行列，让增广课堂成为学生自己的课堂。

我们不断更新增广课程，目前每学期都有一个系列主题，按年级段开展

活动篇

活动。增广通识课程和学校基础课程互为补充和联系，也是学校逐步走向社会开放办学的显现，让更多的校外资源充实丰富学校的课程建设，逐渐形成学校的课程特色。

1. 课程框架建构：立足国家基础课程融于学校整体课程体系

在学校课程整体实践推进评价过程中，校本课程一直是学校课程管理与实施中的短板，也是最容易被"偷换概念"的一个课程。而在培养学生过程中，校本课程却是最能够体现该所学校培养特色和底蕴的载体。南海实验学校长峙小学校区基于学生发展所需和培养目标，结合学校办学理念和特色，充分开发和利用学校、社区、家长等课程资源，消除教育与生活、学校与社会、学生与家长、知识与实践之间的隔阂或对立，建立生活理念、体验理念、资源整合理念、学科融合理念间的联系，在每周三下午和每周五下午，各开设一节一小时的长课，开设两门校本实践课程，分别冠以"增广课程"和"特别时光"的名称。

2. 课程开设目标：培养每一个珍贵的普通人

本校的增广通识课程是学校在国家基础课程、拓展课程之外，开设的一次大课。其目的是在现有的系统课程体系之内，让学生思维宽广、思考深入。学校提供系统性、进阶型的通识启蒙课程，是对基础教育的拓展。我们设想用主题串联的方式，在学生启蒙阶段以广博的"文、史、哲、科学"等知识为有结构、有层次的内容补充，逐步扩大学生的认知边界，提供思想和愿景，让我们的学生具备倾听的能力、思考问题的能力、开阔的视野、包容的肚量、跨学科学习的能力和丰富的学识修养，获得可迁移的思维能力，最终为培养"敏学善思、温暖良善、担当有为"的未来公民而服务。在课程开设过程中，师生共同参与，家长们偶尔也会忍不住来客串。"增广通识"以增长学生知识、拓宽视野为目的，让每一个学生感受到多元的校园生活，让每一个珍贵的普通人都能得到培养。

3. 课程内容与实施：常态动态生态，活动丰富促进发展

增广通识——打开认识世界的多扇窗

"增广"课程建构于建校之初，随着"双减"政策的落实，为了解决如何利用有限的资源和特殊的课后服务时间，使这一课程有特色地持续开展的问题，我们结合学校年度工作和当下的社会期待，提出了新的实施构想。

1. 主题式开展，让课程拓展更加体系化

"增广通识"谈古论今、内容广博，充满了拓展性。为了避免课程内容缺乏教育性，出现随机性的问题，学期伊始，便设定主题，利于形成体系化。例如，上学期结合党的百年华诞，以"红色·梦想"为主题来开展的增广通识系列化课程。

红色·梦想

年级		一年级	二年级	三年级	四、五年级
第一轮	主题	中国梦照亮前行路			
	周次	7	5	4	3
第二轮	主题	践行担当，点亮梦想			
	周次	11	10	9	8
第三轮	主题	感动，微小中的力量			
	周次	15	14	13	12

这学期，结合当下海洋保护的理念，我们提倡了"蓝色·家园"的主题。

蓝色·家园

年级		一年级	二年级	三年级	四、五年级
第一轮	主题	知识篇：知识知多少…… 科普内容参考：多彩的海洋植物，不同种类的动物，不同水层的生物、潮汐与海流，复杂的生物关系，海洋中的矿产和能源……			
	周次	3	4	5	6
第二轮	主题	实践篇：保护（建设）海洋，我也行 实践活动参考：渔业博物馆参观，渔业发展调查，了解渔民文化生活，了解海岛交通发展历程，调查海洋渔业保护工作，参与海洋环境保护…… （与假日实践活动相结合，实践后以班级为单位进行汇报展示）			
	周次	7	8	9	11
第三轮	主题	拓展篇：了解海防、探索国家海洋…… 拓展项目参考：海防国防知识，灯塔和航道，海洋上空的天使……			
	周次	12	13	15	16

活动篇

今后，我们将根据学生的学习需求，给"增广通识"课程设计出更多主题式系列课程，如"绿色·希望""金色·追光"等。相信每学期一个主题的浸润能够给学生带来更多深入的体验，也能让学校的课后服务——"增广通识"课程更具有系统性。

2. 滚动式推进，让课程设置更加合理化

目前我们南海实验学校长峙校区共有5个年级、30个班级、1184名学生，但是一个只报告厅能容纳400名学生，如何让学校的每个晚托学生都能受益其中？另外，不同年级学生的认知水平不同，如何让每一期"增广通识"课程更加契合学生年段特点？我们又作了一番思考，决定采用年段轮流滚动开课的形式，在数量上改为一月一次，时间依然固定于周三课后服务时间。每周由一个或两个年段开课，课程的内容把关、展示形式、筹备工作、人员落实、起始的宣传以及结束后微信的推送总结都由年级段合作讨论、独立承担。

一月一次的"增广通识"课程，让课程筹备、资源的汇集更为充分。年级段独立承担，便于教师根据学情开展"增广通识"课程，让学生在课后服务时段的学习更具丰富性、有效性。

3. 组合式授课，让增广资源多元

在课程的建设中，课程资源是基础，是学习的根本保证，"增广通识"课程也不例外。本学期，我们结合课程设置的需要，采用了教师、学生和家长三方结合的模式，最大限度地开发和利用"增广通识"课程资源，开发出了一种既适用于学校实情又能发挥课后服务教学实效的课程资源模式。

课程开设形式：

嘉宾教师+教师+学生+	嘉宾教师	1.教师、学生统筹合作，围绕主题进行板块组合。
	学生+学生+学生	2.鼓励中高年级学生成立讲师团，为一、二年级学生做经验分享，提供支持。
	教师+教师+教师	3.了解外聘教师的课堂内容和宣讲形式，尽量契合主题、符合学生年龄特点，有趣味性。

很多教师除了擅长自己本职的学科专业外，还多才多艺、博学广闻，"增广通识"讲台为他们展示丰富学识和人格魅力搭建了一个另类舞台。有一部分家长术有专攻，有着一定的研究领域和生活经验，他们也是值得探寻

的课程资源。同时，随着年级的升高，学生的知识面越来越广，各种能力也在逐渐提升，他们的成长也需要展示的舞台，因此，他们也能成为"增广通识"课程最直接的资源。这样的组合式课程资源，源于校园，利于成长，更多元化和富有实效性。

活动篇

师生课程成果采撷

附1：学校首席金红月老师的增广课程教学后记

做你的眼，带你看世界
——我的"增广课程"之旅

学校从成立之初，就开设了"增广课程"（安排在每周三下午），每周邀请各行各业中有特长的社会人士（一般多为家长）来给学生上课，以增长学生的见识，开阔学生的视野。

开学初，办公室老师照例聚在一起商讨这学期请哪几位家长来为学生上课。忽然，有一位老师说："金老师，你那么爱旅游，你来为学生讲讲旅游见闻吧。"笔者一听，觉得可行。不是常说"读万卷书，行万里路"嘛！这个假期笔者花了二十多天的时间在新疆旅游，见识了大美新疆的好风光，把旅游中的见闻说给学生听，学生一定也会感兴趣的。于是，笔者欣然答应了下来。只是要把这二十多天的行程浓缩在一个小时左右的讲课时间里，还真有点不好组织。

也是应了"念念不忘，必有回响"这句俗语，正当笔者难以抉择之时，某天，忽见微信上有一篇推文：《从60万米高空看新疆，是什么体验？》点开来，一下子就被那气势磅礴的画面给震撼住了。在这个特殊的视角下，这片土地的美淋漓尽致地展现在眼前：古丝路中道、塔克拉玛干沙漠、规模宏大的特克斯八卦城等一一展现。笔者有一种"踏破铁鞋无觅处，得来全不费工夫"的喜悦感，上课的思路一下子就有了。

笔者决定将这个视频安排在课的开始，先让学生有一个整体的感知，然后从新疆的版图讲起，向学生介绍它的全称、它的面积、它的少数民族；再接着讲述自己第一天在乌鲁木齐大巴扎和最后一天在亚心塔的见闻。之所以选择这两天，是因为笔者觉得这两天的游玩的地点都是乌鲁木齐。而乌鲁木齐市是新疆维吾尔自治区的首府，从"头"讲起也顺理成章。

确定了讲课思路以后，笔者就着手开始准备讲课材料了。

首先，准备视频。笔者先是把微信上看到的那个视频下载了下来。因为手机有录播功能，所以下载这个不难。接着笔者又找出了自己拍的在乌鲁木齐大巴扎上人们载歌载舞的视频，还有我们一队人吃烤全羊的视频。笔者想视频中浓浓的新疆风情一定可以吸引学生。

其次，找图。笔者从网上下载了新疆的版图、中华人民共和国的版图，再从自己的手机里挑出了在大巴扎和亚心塔拍的许多照片。照片中有大巴扎的琳琅满目的商品，有矗立在通往亚心塔的大道两旁的代表亚洲不同国家的雕塑……笔者还特别挑选了自己在这两处风景地的留影。笔者想让学生看到这些照片，会因风景中有了熟悉的人而更感亲切，从而激起他们的向往感。

最后，做PPT和写讲稿。

一切准备就绪，"大美新疆"的课就在一个周三的下午开讲了。果然一开场大屏幕上播放的"从60万米高空看新疆"的视频就震住了学生，他们一个个都睁大了眼睛看着。看完后，笔者提问：看了这个视频，你们知道了什么？一只只小手举起来，他们迫不及待地回答："我知道了新疆的'疆'代表三山夹两盆的地形地貌。""我知道了塔克拉玛干沙漠公路是世界上在流动沙漠上修建的最长公路。""老师，特克斯八卦城是多么神奇啊！"……美丽的新疆就这样深深地吸引全体学生。

随后，屏幕上出现了笔者和火车的一张合影，火车上写着"上海"直达"乌鲁木齐"的图标，笔者告诉学生："老师这回是从上海坐火车去乌鲁木齐的，坐了30多个小时呢！"学生听了"哇"声一片，这时，笔者把新疆版图和祖国的版图展现在学生面前，让他们通过地图再次感受到这趟由东到西的路程是多么遥远，新疆又是多么的大！

为了让讲课更能吸引学生，笔者设计了"猜一猜"的题目，让学生用现场伸手指的方式来猜一猜新疆的疆域面积有多大？①146万平方千米；②156万平方千米；③166万平方千米。学生有伸一个手指的，有伸两个手指的，也有伸三个手指的。当笔者把正确答案③公布后，猜中的学生欢呼雀跃。

这是一种很好的互动方式，在这节课中，笔者一直将这种方式穿插在笔

活动篇

者的讲述中。笔者让学生猜亚心塔的高度，猜通往亚心塔的大道两旁的雕塑代表的国家。学生一直处于积极聆听的状态中。

爱德加·戴尔的学习金字塔理论告诉我们，看图能够记住30%，看影像能够记住50%，参与讨论发言能记住的知识达70%。所以在这堂以聆听为主的讲座中，笔者将看影像、看图片、提问讨论的方式进行穿插安排，不断激发学生的听课兴趣，增强听课效果。课后，笔者还用在新疆买的葡萄干奖励那些猜对了答案的学生。

第一次讲座之后，学生和教师都意犹未尽。于是，"大美新疆（下）"的讲座再次进行。

这次讲座笔者选择将两条著名的公路——独库公路和中巴公路作为讲课的内容。在独库公路我们只走了一小段，见到的美景不多，而中巴公路我们来回走了两趟，道路两旁的雪山、冰川、荒漠、草原、河流及其神话传说等都给我们留下了深刻的印象。于是，笔者将讲述中巴公路的见闻定为第二次讲座的主要内容。

这次，在一如既往的提问、图片展示、视频播放的环节之中，笔者还邀请了两名学生来做笔者的助教。这两名学生是笔者在三（4）班在结对子活动中结识的学生。笔者为她们俩准备了一个关于公格尔峰、公格尔九别峰、慕士塔格峰和喀拉库里湖的传说故事。周一的时候，笔者把故事给了她们，并给她俩进行了分工。周三上午，一大早笔者去听她俩讲了一遍，发现她俩有个别地方的停顿不是特别得当，讲述得不够流利。于是利用其他学生早锻炼的时间，笔者为她俩指导了一番。下午，在课中笔者邀请她俩上台正式讲述时，这两名学生表现得落落大方，台下的学生听得津津有味。

这次的课程之旅使笔者意识到：笔者不止在大多数学生面前开启了一扇认识祖国大好河山的窗户，也给这两名学生提供了不一样的学习生活，为她们创造了一次体验成功和自我表现的机会。

这次的课程资源源于老师自己的生活，这样的资源可以说是学校课程建设中的宝库，在笔者之后，同办公室的徐俊老师也用自己的旅游经历为学生做了一个"走进西藏"的讲座，也颇受学生欢迎。

看到过这样几句话：什么样的课堂是未来的课堂？有光的课堂才是未来的课堂。

什么样的课堂才是有光的课堂？自由、智慧、轻松、愉悦的课堂。

学生的幸福在哪里？在有光的课堂上。利用自身的资源为学生打造有光的课堂，这次的尝试获益匪浅。

2019年9月18日　星期三　晴

大美新疆（上）

新学期的增广课开始了！今天，我们的阅读课老师——金老师给我们上了第一节增广课。听沈老师介绍说，金老师是旅游达人，暑假期间金老师去新疆旅游了，所以她今天讲的主题是"大美新疆"。

金老师首先播放了一个视频，题目是"从60万米高空看新疆"。从高空看下去，整个新疆成"畺"字形。在视频中我看到了沙漠上流动的公路、塔克拉玛干公路、克拉玛依大油田、巴音布鲁克草原。

接下来，金老师向我们介绍了她去过的一些景点。

第一个景点是新疆国际大巴扎。那是中国最大的集市，那里有许多美食，如馕饼、烤包子、烤全羊、手抓饭等。大巴扎的夜景很美，荧光闪烁。

第二个景点的通道两旁耸立着一个个代表地域文化的雕像。金老师让我们猜了两个雕像，第一个是摔跤的雕像，有一个同学猜出来了。第二个雕像是海椰子，是心形的。这次没有一个同学猜对，金老师公布了答案。

顺着通道往里走，会看到"亚心塔"，全称是"亚洲大陆地理中心标志塔"，它可是亚洲的中心呢！金老师她们去亚心塔的时候发生了一件趣事。

正当我们听得入迷时，下课铃响了，金老师说，下次增广课她继续讲她的新疆之旅。我好期待啊！

2019年10月9日　星期三　多云

大美新疆（下）

今天课间，我看见李瑞萌总是拿着一张纸在读。我很好奇，问她在读什么，她说在读一个故事，是要在增广课上和曾诗涵一起读给大家听的，是金老师让她们准备的。噢，我明白了，今天金老师继续讲"大美新疆"的下部分。我非常开心，因为那正是我所期待的。

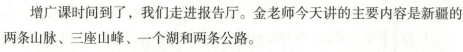

　　增广课时间到了，我们走进报告厅。金老师今天讲的主要内容是新疆的两条山脉、三座山峰、一个湖和两条公路。

　　两条山脉：一是天山山脉。它全长2500千米，是"畺"字中间的一横，是中国第44处世界非物质文化遗产。二是昆仑山脉。昆仑山有"万山之母"之称。昆仑山脉有三座非常有名的山峰，分别是公格尔峰、有"姊妹峰"之称的公格尔九别峰、有"冰川之父"之称的高50千米的慕士塔格峰。

　　金老师让我们观看了一个视频，我看到了慕士塔格峰的雄伟壮观。然后我们班的曾诗涵和李瑞萌就给我们讲了一个神话故事。这个神话故事讲述了公格尔峰、公格尔九别峰、慕士塔格峰、喀拉库里湖的来历。

　　这是一个伤感的故事，我当时听了心里很难过，我在想，故事的结局为什么那么悲伤？为什么两个女孩不能等到她们的父亲回来呢？

　　接着金老师给我们看了一个关于修建中巴公路时的视频。据说，修建这条公路用了8000吨炸药、80000吨水泥，还牺牲了很多个人。那条公路旁边有一个烈士陵园，有88座坟墓，埋葬着牺牲的中国修路者。

　　金老师给我们播放的另一个视频是关于独库公路的。这是一条连接独山子和库车的公路。独库公路非常美丽，金老师就是因为看到了独库公路的宣传片才萌发了去新疆的念头。但独库公路也有令人遗憾的地方，那就是它不能全年通车。今年只有在6月到10月2日期间才会通车。

　　金老师的"大美新疆"课不仅让我了解了新疆，还让我有了去新疆游览观光的冲动。

反刍教育教学活动：
不自满 常践行

教育教学的各种活动，并不只在课堂。对学生产生影响的，不仅仅是学科教学。我们在追寻好的教育活动时，有时会看不到答案，而寻找的过程本身，就是教育者定义自己的过程。学校教育教学活动包罗万象，把每一天过好，每一事做好，就是对教育负责任。想得太多，没有任何意义。

拓展课程：想说爱你不容易

尽管白天时在太阳底下会热得冒汗，夜晚的风吹来，已经略有凉意了。耳畔有"不忘初心"的歌声回绕，那是下午音乐"特别时光"里两位音乐教师合唱留下的"后遗症"。一年级的"小不点"看到自己音乐教师唱得那么好，热情高强涨地喊着"赵老师！赵老师！"对于另一个他们不认识的汤老师，则完全忽视。

笔者一直觉得体艺教师拥有自己的一技之长是非常吸引学生的。由于学校里的体艺教师数量有限，而且基础学科中教材内容固定，全班授课并非选择性教学，不一定能满足每个学生的个性所需。为此，教学管理处经过整整两个星期的准备，从联系、确认、沟通、发布、选课、调整、统筹，到最后完善落实课程，今天下午托管服务的个性化拓展选修课程如期开课。

在原有学校拓展课程的基础上，这学期我们分了五大类课程：体育与运动、艺术与审美、主持与表演、思维与创新、阅读与赏析。每一个课程又开设不同数量的学科内容供学生自由选择。感谢来自各行各业的社会资源，海洋大学的师生是主力军，还有退休教师、特色培训机构的专业教师、新华书店员工、文化馆、博物馆工作者、家长志愿者等，他们利用自己的一技之长，给我校学生个性化需求学习提供了丰富的课程资源和学习空间。

二年级到五年级的学生在前期班主任老师的告知下会自己去寻找对应的学习场所，一年级的学生处于束手无策的状态。按照18门课程的指示牌，排成18列的队伍，学生找到自己报名的学科队伍，一个个协助教师分别带领他们去相应的地方。大概经过15分钟的熙熙攘攘后，全校一千多名学生就分散到了42个新班级。中途我们几个行政教师分头去巡视课堂教学现状，尽管第一节课以熟悉了解为主，但大多数教师讲完常规后已经进入正常的课堂教学。尤其是操场各个角落选修体育篮球、网球、轮滑、足球、毽子、排球的同学们，在阳光下挥汗如雨、精气神十足，不由感叹运动真好，自由自在的感觉真棒。

当然反思今天拓展课的组织及落实，我们觉得还有几点尚待提高：

（1）协助教师的职责不仅仅是协助主教老师组织好课堂教学，更要在课堂开始之前明确本班学生分布以及及时到礼仪大厅带领学生准时去上课地点，不拖拉缺位。

（2）要做好课堂教学前设计、材料准备及课中积累与课后反馈。海洋大学的谢丹丹老师执教"历史故事"，她的教学设计详细充分，还有PPT、讲稿，学生课后表示都很喜欢，可见充足的准备是课堂受欢迎的因素之一，长期积累还能够作为今后完善的课程资源，为其他教师提供素材。拓展课程也是课，我们需要在全面开花的同时，有重点地打造几门优势课程、特色课程，这样学生也才能学有所获。

不同年级在不同时间陆续结束拓展课程，站在校门口笔者看到，有学生手里拿着笛子，也有学生吹着口琴、陶笛等候家长接送，还有学生手里捧着在"疯狂博士，玩转科学"课程上的种植盆……拓展课程因为内容多样又可供学生自由选择，同时少了分数评价的压力，学生普遍都很喜欢。而对于学校来说，因为聘请的是校外教师，在课堂教学组织管理上有一定难度和真空地带，也有现实的聘请校外教师的资金压力。但不管怎么样，今天我们顺利地上了42堂课，每位教师都齐心协力、认真对待，课后托管服务的品质以及学校全面教育教学质量都得到了相应提升。

活动篇

做有故事的教育，办有温度的学校

又是新的一周。一大早先去总校参加第二十一届运动会的开幕式。虽然没有我们校区的学生参加，但是由于是集团化管理，校区领导还是要参加总校的一些大型活动。一届届、一年年，大型活动相对成熟、流程化。只是每一年随着主题的变化会有新的元素：幼儿园的幼儿骑着三轮自行车、小学生组成的花束队、初中生组成的彩旗方阵、高中生组成的校旗队。大学校因为人多，天然就有不一样的人为环境教育因素，看见学生成长的痕迹。今年因为是校庆20周年和建党100周年，在很多方阵口号中体现得淋漓尽致。虽然那句传遍神州大地的"强国有我，请党放心"笔者已经听了很多次，但当身边的学生雄赳赳地站立在眼前，一排排列队用最青春的声带振动发出生命的最强音，还是会忍不住感慨——个体、国家、民族休戚相关，民族国家振兴在于一代代的传承。

看着眼前这熟悉的一幕幕运动会进场式、开幕式表演，不时会回忆起自己还在南海小学部工作时参加的运动会。对于一个学校来说，一年一届的运动会是大事，个人与集体荣誉的结合如此紧密，技术与毅力、失败与拼搏、成功与意外……这也是体育独特的学科育人价值，既深入其中、体验其中，也得失在其中。

活动结束回到校区后，在几位同事的帮忙下整理办公室物品，对已经坐了两年的办公室进行调整。朝南阳光好一点，对于特别怕冷的笔者来说，自然温暖多一点，也许情绪更平和愉悦。学校里的校长稳定平和情绪会直接影响每一位师生，这也是每一个岗位赋予人的不同责任。即使你再不开心，也要不断去控制调节，这也是笔者需要再自我提升的地方——不能太情绪化。

想好了立马行动。下班之前预定计划全部完成，待过几天再微调整和完善。"美可以治愈一切""美是最好的德育"。因此，在工作的环境中，我们要以整洁整齐为美、以轻柔和善为美、以助人助己为美、以节约朴素为美……一般同道中人的审美观也会是慢慢趋于相似的，这也是美育的奥秘之一，有时候只可意会不可言说。

笔者接待了正式到我校任教的小董老师。奉化人，这是他第一天正式来学校上班。因董爸爸也是学校教育系统内的老师，交流起来自然就多了共同话题和理念。董爸爸谈到初来学校见到每一位教师时感觉特别和善亲切，大家不认识却互相点头招呼，这是我们学校给他不一样的温暖，是以往自己教了多年书、走过很多学校后很难感受到的。也许董爸爸有夸赞的成分，笔者认为是另一种肯定和更多的鼓励。这也是我们一直在倡导的要想培养学生"温暖良善"的品质而教师先要"温暖良善"的体现吧。

"做有故事的教育、办有温度的学校"是笔者今晚读《中国教育报》河南省郑州高新区艾瑞德国际学校校长李建华在《校长应该是这样"一个人"》这篇文章中写到的一句话，也是他的个人教育观。在我们提炼一训三风、办学理念、校训、办学目标、培养目标等这些学校的文化时，更重要的是看办学理念文化在哪里落地。笔者想应该是在校园的每一节课、每一次活动、每一个人、每一处景中，在一届届、一个个师生传说的故事里。当我们若干年后离开这所学校，会在笔者彼此这起讲起的故事中，重温这所学校的温度，思考它传递给了多少人。

活动篇

德育导师在线

——真诚是通往解决问题的一条道路

夏天的风从远方吹来，带着阳光的温度，带着蓝天的温柔。一月一次的语文课题研讨活动在二年级进行。第一节课结束，笔者和听课的教师一起搬着小凳子前往二（2）班教室，还没走进，只见小展从教室后门气势汹汹地出来，拉住礼佳，使劲摇晃礼佳的身体。不用问，这两个"欢喜冤家"肯定发生故事了。

"小展是原始人"

原来数学课上，陆老师让学生在讨论题目，礼佳看着小展一直要回答问题不遵守纪律，就开始说"顾宝宝是原始人。"顾宝宝当然是"英雄气短"，怎么可以被轻视？一下课就直接来了个正面解决。礼佳也不是个省油的灯，虽然是女孩但性格火辣、霸道，做事说话都喜欢占上风。今日之事自知理亏，也就没有直接还手。笔者了解了事情的起因后，开玩笑说道："小展，你先冷静一下。再这样穷追不舍、出手打人，那真成了原始人。"

笔者还以为自己的幽默能够化解当时顾宝宝生气发怒的情绪，不想完全失控、处于愤怒状态的小展可不买笔者的账。他一把推开我，去追礼佳，紧握的拳头积聚着小宇宙爆发的力量。二十多年的教学经验中，笔者还是第一次碰到像"高能量弹射炮"的孩子，他把笔者推开的一刹那，笔者明显感觉需要好好抓住这个机会和他谈谈，小展不能再"放纵"了。

"请冷静写出事情的过程"

刚好体育教师陈老师经过，看到小展的"光辉战绩"和一脸无措的校长，陈老师用力拉住了小展。看着"浑身带刺"的顾宝宝，笔者说："陈老师，你先带他去冷静一下，写写事情的过程吧。我先去听课了。"陈老师非常默契地和笔者点了点头，带着小展去了办公室。

一节课后，小展写完了事件的发生过程，和同学们说的一样。看着此时的顾宝宝，笔者已经不那么愤怒了，知道可以心平气和地与他交流。想到他刚来时，一有事情就像"犟驴"一样大吼大叫，脾气上来软硬不吃，你越说，他越叫。于是干脆就设置"冷静区"。慢慢他就知道"冷静区"意味着教师让他自己去思考。小展有一个非常明显的特点，情绪容易失控，但恢复也快。恢复之后，他才会正常和你交流。

"我能很快找出你的五个优点呢"

我们与学生交流的方式会在很大程度上影响他们的成长。细心、互惠的交流方式能够给学生带来安全感，而这种相互信任、安全的关系可以帮助学生在未来很多领域都能有所建树。

深知小展脾气的笔者，这次决定好好和他谈谈，并利用家长和班主任的力量资源，做一个长期的辅助引导计划。在办公室，小展又一次描述事情整个过程，笔者请他分析自己对"原始人"的想法，找找班级中还有没有这样的"原始人"。之后笔者表示认同他的情绪感受，笔者说："如果换作我，也会生气，但是我不会生气地去揍人，我会去和礼佳谈谈。"他一听笔者认同他，就露出一脸笑容，不好意思地说："周校长，我觉得我就是控制不住我自己。""那好吧，我们来想想有什么好方法，万一以后有烦恼的事情来了，我们可以自己帮助自己。"

小展开动脑筋。他立马说出"数个数让自己安静""眼睛看其他地方""拳头握紧放在裤腿边"等等。笔者表扬了他。我们一起说起班级中其他男孩子会用到的方法，他好奇地问："周校长，别人都有优点，我没有。"

笔者讶异地笑了。"我能很快找出你的五个优点呢！""真的吗？"小展的脸上分明写着惊奇。我扳着手指一个个地说下来："你上课很会动脑筋，比如上次的人体结构就回答得很棒""每一次发脾气，你总是能很快调整自己的情绪""你很会帮助别人，比如帮别人盛饭菜""你见到老师很热情，每次都会打招呼""你的思考和别人不一样，举手很积极，乐于表达"。小展一听，果真笔者说的这些都是在课堂学习过程中发生的事情，就

活动篇

更加开心了。真诚的赞美与肯定，对于小展来说，可能是新天地，但可以让他认识自我，重新发现自己。

"爸爸妈妈，我们一起约定吧。"

和小展进行愉快的交流之后，放学前，班主任何老师说今天小展爸爸刚来我们学校就帮忙，难得休息在家。于是笔者请班主任何老师约好小展的爸爸妈妈，放学接送孩子时，一起来笔者办公室聊聊。4点钟小展的爸爸妈妈一起准时出现在笔者办公室门口。妈妈戴着口罩，很不好意思地说："校长，我最近身体不太好，真是不好意思，我儿子给你惹麻烦了，太难为情了。"笔者很理解被叫到校长室来约谈的父母，因为孩子，总会带有一丝自我的责备、愧疚。真诚的沟通是平等的，如果父母没有做好心理建设，交流本身就是一种不平等，不会敞开心扉。于是笔者再次真诚地和小展的爸爸妈妈说："没事，我们是一起来商量解决问题。小孩子犯错误是正常的，怎么解决才是重点。"

真诚就有这样神奇的魔力。气氛一下子缓和了下来。小展看看爸爸妈妈，又看看笔者，在想接下来会怎么样。笔者先请小展把今天爸爸妈妈会来校长室的原因说一说，笔者一问双用，既让小展再次去反思事情的起因经过，又能够让父母了解孩子对事情的态度，而且是孩子从自己的口中说出，相对就比较客观可信。其实此次事件前，笔者和小展妈妈也有过很多次交流。小展妈妈一直觉得是自己身体比较弱，小展从小被祖辈养育宠坏了。而且小展妈妈脾气也暴躁，小展爸爸又经常出海捕鱼，在家时间少，妈妈还会和儿子说读书不好，笨，就要去捕鱼。因此小展爸爸在家中是没有权威的。

笔者特意当着小展的面说："今天爸爸也来了，真好。""爸爸在外捕鱼，本领很大，能够和船上的叔叔伯伯合作好，互相配合才能捕鱼大丰收。如果爸爸也脾气不好，一生气就打人，那在外海上是不是很危险？"

小展微笑地看了看爸爸，笔者示意小展妈妈说表扬小展爸爸的话，树立父亲的威信。教育，不仅仅是学校的事，更需要得到家长的一致支持和共同配合。确实小展爸爸妈妈也多次在孩子上学后发生的各类事件中看到孩子身上的习惯、个性缺陷，只是没有进行针对性的矫正。我们于是趁着这个机会一起约定：家里也设置一个冷静区，如果情绪上来，自己可以去冷静区安静。冷静区要贴有自己的笑脸照、亲子合照，从环境上缓和、稳定情绪。其次加强锻炼，把过剩的精力用在锻炼身体上，适当减肥控制体重。二年级的顾宝宝体重已经有96斤，身体肥胖会使人变得懒惰。再次在班级中寻找榜样。结伴成立互帮小组，让几个温柔的小姑娘善意多提醒，友情暗示，学会控制情绪。最后，万一情绪爆发了，没关系，每一次都要写好说明，交到老师这边保管，一个月回顾一次，看看说明书是不是在慢慢减少，每次原因是不是不一样，可以常常反思，逐步学会冷静思考。在我们约定好这四点之后，一家人开心地和笔者道再见。

关键事件分析及后续思考

这个事件过去一个多月了，小展没有交给笔者一张说明书，说明最近的一个月他的情绪基本上是稳定的。我们在这个关键事件中进行真诚沟通中发现，情绪的失控一般由四个阶段构成：触发、过渡、浸没和恢复。年龄越小的儿童，他的四个阶段时间停留得就越短，恢复得就越快。但如果长期处于四个阶段的循环，则会导致个性上的缺陷，甚至出现人际交往障碍或者心理问题、疾病。因此教师在对学生的基本情况了解之后，抓住关键事件，整理教育资源，和学生及家长进行约定，设置限制、界定合理行为以及引导正确的行动，逐渐帮助学生积累对抗失控情绪的经验，树立自律、安全的观念。过程中笔者让学生写说明，让学生通过自我身体意识和自我反省，用笔纸安静地倾诉，进一步培养其自省能力。情绪易失控的学生，受他原生家庭的养育方式、养育人的个性的深刻影响，因此解决这类学生的问题，需要得到父母的支持，需要家校双方共同分析、持续关注改变。只有父母的改变，才能带来学生在学校的改变，家校合作的力量才能凝成一股绳，一起牵着学生走向光亮的前方。这一过程中，真诚始终是底色，是解决问题的一条通道。

孩子的问题没有绝对对错，存在于成长过程中，是合理的。教育者切忌利用道德绑架家长与学生，进行"正义凛然"地分析说教，失去了沟通中的平等尊重。因为真诚是通往解决问题的一条道路。

活动篇

东鲁春风吾与点，南华秋水我知鱼

——学校"课堂改变"之想、做、惑

随着落实"双减"政策工作的推进、课堂教学改革的不断深入，"减负提质"的理念已逐步深入人心。"减负提质"已不是一个新鲜话题，众多专家、学者和一线教师都在为之努力与尝试。我们长峙校区在"自觉教育"办学理念的指引下，也一直致力于打造优质的课堂。回顾我们的"改变课堂"之路，主要从下几个方面来谈谈我们的实践与思考。

我们这样想：从有效倾听到积极互动

优质的课堂强调以生为本的教学理念，它必定是一个强调让学生成为独立、自主、高效的学习者为重要目标的课堂。要实现这个目标，我们发现课堂中要关注的地方有很多，但是从我校是一所"年轻"的学校这一实情出发，我们认为改变得一点一点来，教师的课堂执教能力只能逐步提高，从小处入手，找个切口小的研究主题，做精做细，会更有利于教师的成长。结合专家教师的指导和对相关书籍的学习，我们就把"建立倾听关系，构建积极互动的课堂"作为创建优质课堂的起步之举。倾听并不是静听，根据儿童哲学中对倾听内涵的理解，在讲授式的教学模式中，更多的是用于信息性的倾听，则真正的倾听需要我们在智力上进行阐释性和批判性的倾听，在情感上进行关系性和赞赏性的倾听。所以，倾听必定是带着主动思考的积极参与，它是展开有效对话的前提条件，是学生参与积极互动交流的起点。基于以上的认识，我们将"建立倾听关系，构建积极互动的课堂"分两个阶段进行对课堂的观察与改进。2020学年主要以建立倾听课堂关系、促进学生倾听为课堂的主关注点，2021学年以促进学生积极互动交流为课堂的主实践点。

我们这样做：科研训、教学评齐头并进

1. 制度式校本管理：从"点"上修正课堂

教学常规是学校教学管理工作的基本要求，落实教学常规是改变课堂、促进学校教学工作得以正常有序开展的根本保证。为了全面改革课堂模式，提升课堂教学质量，学校在规范制度上狠下功夫并做到了精细化管理，出台了一系列行之有效的、分层分级的制度并根据学校实际情况不断加以完善，如《南海长崎校区教研组工作手册》《南海长崎校区备课组活动要求》《南海长崎校区教学常规管理细则》《南海长崎校区2021年作业管理实施方案》《南海长崎校区青年教师考核办法》《南海长崎校区青年教师自主约课办法》等。对备课、上课、听课、评课、作业批改、辅导学生、质量监控、教科研活动开展等各常规活动都有明确的规定和要求。这些完善的制度切实保证了日常教学活动的正常开展，使教学、教研、教改有章可循，按章行事。学校在教学各环节上的精细化管理，加上全体教师的共同努力，我校的课堂现状正悄悄发生着改变。

2. 互助式合作教研：从"线"上跟进课堂

针对我校教师队伍的实情，即新教师多，而且能力相对弱的情况，开展同伴互助式的合作教研进行专业引领的教学指导，从长线上持续提高个别教师的课堂执教能力就非常有必要。

首先，我们发挥教研组的影响力，采用集体备课、新教师徒弟备课师傅审批制，保证新教师的日常备课质量；其次，采用行政巡课、组内诊断、师徒互听课、青年教师主动约课等形式加强对这些教师课堂教学的长线跟进，提高其课堂执教能力。再次，对新教师的课堂教学观察指导进行"短中长"学期三个时间段的分割，持续跟进教研。从9月份的新教师亮相课，3月份的青年教师诊断课到5月份的青年教师教学大奖赛，始终以学校"建立倾听关系，构建积极互动的课堂"为教研主题，展开课堂研究。在活动过程中，充分发挥学校有经验的优秀教师对青年教师的"传、帮、带"的作用，全面而细致地诊断分析，通过观课、议课提出教学中的问题，交流解决问题的方法，填写诊断报告。引领青年教师反思与总结，更好地正视自己在教学中的不足，明确需要进一步提升的空间，并能在其他教师的建议中感悟出更好的

构建积极互动课堂的教学技巧。

3. 主题式校本研修：从"面"上改变课堂

我们主张教研与科研充分融合的大教科研概念，每学期开展主题式校本培训活动。以优化课堂教学为目标，遵循发现问题—寻求策略—实践研究—解决问题—反思提升的程序，充分发挥广大教师的主体性，营造教师之间学习、交流、研究、合作的氛围，用求真务实的行动研究，促进教师教育教学理念和课堂教学方式的转变。

例如，2020学年我们的校本培训以"促进学生有效倾听的教师课堂支持策略的研究"为研修主题。研修过程中以课题研究的方式展开，通过理论学习更新理念，以生本课堂建设为阵地，以课堂观察为手段，对文献展开研究，以个案分析等为研究方法，对教师课堂支持策略（引领学生倾听的教师行为）进行研究，找到有效的教师课堂引领行为和策略，实现全员研修，从而提高学生的倾听能力，实现全员课堂教学转型的目的。全体教师学习了《倾听着的教育》一书，更新每一位教师对倾听的认识，更深层地思考"倾听"的内涵和意义，进而反思自己的教学行为，用更新的理念来引领自己今后的课堂教学。学校六个教研组立足学科特点，从上学期的研修中总结经验，在自己的课堂中找不足，都在自己的学科领域寻找有价值的研究点，确立了倾听课堂中的研修主题。例如，中段数学组为"促进学生数学课堂有效倾听的教师评价语言的研修"，低段数学组为"有效课堂行为促进学生倾听策略的研究"，语文组为"促进学生有效倾听效果的分点策略研究"，体育组为"基于现代教育技术的学生倾听课堂构建研究"，艺术组为"导入教学技巧促进学生倾听策略的探究"，英科组为"教师课堂提问与学生倾听效度的相关研究"。各组设计课堂观察表，按"实践—反思—再实践—再反思"的研究思路展开研修。为展示"促进学生有效倾听的教师课堂支持策略"的研修成果，学年末教师发展处还组织全校教师开展了"倾听课堂研修成果展示活动"，活动中每个教研组有优课展示、小组议课、集体研课和观点报告四个板块，全体教师全程参与，他们在分享研究成果的同时相互讨论、相互学习，为各教研组提供了学习的案例与交流的平台，让校本研训的成果惠及每一位教师的教育教学行为。

2021学年各教研组围绕"促进学生积极互动课堂教学的探索"主题立

足学科特点，各自确立了互动课堂中的研修主题。科学组为"科学小组实验探究中互动的有效性"，体育组为"问题引领学生积极互动的支持性策略研究"，低段数学组为"有效合作学习促进学生积极互动的实践研究"，英语组为"教师支持性语言策略提高学生语言学习积极性与有效性的策略研究"，语文组为"引领学生积极互动的教师支持性策略的研究"，美术组为"利用多元化的教学方式引领学生积极互动的教师支持性策略的研究"，信心组为"项目化学习对学生课堂互动的促进研究"，音乐组为"利用体态律动的教学实践活动引导学生积极参与课堂互动"，中、高段数学组为"任务驱动引领学生积极互动的教师策略之小组协作学习的研究"。校本研修中集工作、学习、研究为一体，解决课堂教学中亟待解决的问题，促进教师专业的提升。

4. 迭代式课堂教研：从"层"上改精课堂

从双基、三维目标到核心素养，五育并举下学生培养目标的变化需要进行新的课堂变革。新课程需要新教学，新教学落到实处需要新教案。"双减"、五项管理政策下的课堂教学，也需要有新教学设计。因此，在学生（发展需求）—教材（有效教学）—培养目标（国家意志）不同的教育维度层面上，匹配相应的课堂设置。

首先，我校从备课上统一做了改变。基于对国家课程方案与课程标准的新要求、教师专业实践的新认识、对新时代因材施教的新探索，教师关注以知识点为主的内容标准，提高站位，对标学业质量标准，探索指向核心素养、以"单元"为设计单位的新的教学方案。新的教学方案聚焦学生如何学习以及何以学会两点，从"面对一个班级学生群体"的"施教"方案，转向"让不同的学生经历不同的学习"的"学"方案，为每个学生提供个性化学习支架。

其次，我校做好作业本进课堂以及有效布置和批改作业工作。减轻作业负担是"双减"政策中的"一减"。教师在单元视角下需要将学生的作业进行整体化、校本化、匹配化改进，让学生有自主性、选择性、激发兴趣的作业，将课后作业置于一个单元中进行一体化处理，寻找作业间的逻辑关系。作业不仅要与单元目标、课时目标相匹配，还要控制难度和数量，创新作业形式，丰富作业样态。

最后，师生共同做好课后反思及单元回顾梳理。其实每个人的核心素养不是直接教会的，而是自己反思或悟出来的，师生都一样。每节课或者单元学习后的反思是知识学习通向素养的关键，也是决定下一次课堂改变的前提。通过教师自主撰写每节课的反思、单元反思，学生通过整理错题本、提问本、草稿本等有效载体，都是对学习教学过程的一种自我反思，为课堂改变提供自我驱动情感和经验的双支持。

我们这样惑：撬动课堂变革的杠杆用与评

特级教师吴非在《课堂上究竟发生了什么》中以数十年课堂实践为基础，对"课堂"这一教育教学的中心环节和教师在课堂上的言行举止、师生的互动、课堂教学的任务与价值、教师的修养与学习等，皆进行了系统、深入、细致的反思和剖析，探讨"教师为什么要教、怎样教，课堂上究竟发生了什么？"的问题。

基础教育的成功开展，在于教师的全部努力，经过漫长岁月之后，才可能从人的教养、习惯方面看到一点点作用，而追根溯源，却又未必能说清。教师的一节课，仅仅是一滴水，但是每一滴对于生命都是重要的。

联系这学期教育局倡导的"课堂改变"，我们还是要回到原点去思考与追溯，在现状及理想之间探索。

1. 如何选择撬动课堂改变的杠杆类型

今天的教育容易受外界各种理念、变革、评价干扰而迎合讨巧，甚至去做一些"亮相工程"，上一些"观赏性"展示课，忽略常态最基本的积累、最朴素的关系和力量。所以我们对课堂改变的杠杆使用者还是定位为教师，每一位一线教师，都要打开自己的课堂之门，教师是撬动课堂改变的重要决定因素。

此外，我们深知教师的差异决定着课堂改变的班际间的差异，也决定学校教学质量的差异。如何让每一位教师，特别是专业能力较弱的教师都能有所发展，以教师专业发展内驱力为出发点，少一些行政压力，是否有更多积极的评价手段去推动？尤其是我校青年教师占70%，骨干教师力量严重不足，能起引领、指导作用的教师更是少之又少，如何开展有质量的教研活动，真正推进教师改变课堂、改精课堂，是我们撬动课堂改变中的困惑之一。

杠杆有省力、费力、不省力不费力三种类型，在我们的课堂改变中，教师费力多一点，学生学的时候也许就省力一点。没有教师教得轻轻松松学生学得也轻轻松松的情况，那也只是你看到的一种表象，形成这种现象的背后必定有更多费力的付出。

从师生课堂教学"力"的平衡到"教学生态"的平衡，也是我们课堂改变中从"教学质量"到"教育质量"平衡的过程，虽然实现它很难但肯定是值得努力的一种方向和路径。

2. 如何评价撬动课堂改变的杠杆使用效果

教师在课堂上实践相关教学理论，有这种意识是积极的，不过，如果始终把课堂当作试验场，致力于实现课堂教学理论化，过于追求"创新"和"特色"未必是明智的选择。一些教师教学技术娴熟，而当他致力于为自己的课找一个与众不同的"标签"时，很可能会违背规律，忽略教学对象。基础教育的特点，就在于始终着眼于"人的教育"，如果教师眼中只有"课"而无"人"那样的"教"，那么他的教育就没什么社会价值。

尽管"五项管理""双减""五育并举"是我们每一位教师都学习过的政策文件，在学校课堂教学开展过程中，我们还是绕不开上级教育行政部门的各种量化评价，而且以学科抽考分数为主。那么如何科学高效地发展就是我们要解决的问题，但是我们还停留在"感性"的看到、认为层面上，缺乏科学理性的评价策略与操作方法。尤其是低段年级中，课程多、书面作业少，只能从表现性的评价上去关注了解，缺乏科学性和系统性。

另外，小学课程分类多，很多教师身兼"数课"，其在主课上教学认真，在其他学科则粗略讲授，学校管理部门只能偶尔进行抽查，很难长期跟踪，或者就是要求门门求精，因而不同的课堂教学质量差异较大。困惑自然而来：怎样评价不同课堂及要求？不同年段课堂质量如何量化规范评价？

探讨"课堂改变"问题的一个前提条件是改造我们的教育思想。大凡"治标不治本"的教育举措不会带来真实而持久的效果，唯一的出路就是变革——重新定义课堂教学，热忱地为每个学生开拓更广阔、更自由的学习天地。

活动篇

藏在《小镇学校校历本》中的学校管理微变革

在我们学校，师生人手一本"无所不有"的校园百事通，我们称之为《小镇学校校历本》。《小镇学校校历本》是我校以日历的形式推出的一本图文并茂、丰富全面的学习工作"行事历"。它涵盖每月综合实践课程主题、学生文明礼仪交往养成重点、每周各类活动、节日、休假日等内容，可以让教师、家长和学生清楚地了解到一学期中每月、每周工作学习活动主题与内容等方面的信息。每学期一本校历本，迄今我们共积累了10本。在传承和微调中，小小的校历本是学校日常管理工作中的好助手。

如何让学校管理忙而不盲？校历本让我们做到心中有数。校历本中涵盖了综合主题实践课程、学生文明礼仪交往养成重点、每周各类特别时光、增广课程等内容。每学期末学校组织各中层领导干部、各教研组组长以及相关活动负责人开展下学期校历本的制定部署工作，各部门提早谋划、分工明确、通力合作，让下学期的每一项工作计划都能精准"落地"，做到心中有数、分工不分家。

如何让学校管理合而不孤？校历本让我们坚持眼里有人。校历本中的每项事务安排以全员参与为根本原则，大家各司其职，明确自己的角色定位，使大家拥有"学校主人翁"的责任和担当，实现从"让我做"向"我来做"的思想转变。大家齐头并进，越做越有干劲，在过程中逐渐将"我来做"转化成"我能做"的工作自信和主体执行动力，达到积极工作状态的良性循环。

如何让学校管理预而不空？校历本让我们确信脚下有路。校历本不仅具备查找学校活动事务的基本功能，还承载着学生过程性的成长规划记录，通过开展多条途径，多管齐下实践，赋能学生的可持续性发展潜力。一是早计划，会安排。校历本设有"我的计划"专栏，月初家长和学生一起制订本月的学习生活计划，学生自主管理，提升自我约束能力；家长辅助参与，关注孩子成长足迹。二是重落实，树自信。学校专门开辟了"丰收园"，学生通过一个月的学习获得的"成长币"可以有顺序地粘贴在"丰收园"中，存储积累成长币，兑换成长驿站奖品，见证每一天的努力和进步；三是有反馈，勤善思。月末学生回顾反思每月所得，及时总结，取长补短。月末回顾特与主题月实践活动评价相结合，每组闲暇小队针对每月开展的主题月活动进行活动反思和总结，并以集星、集章的激励形式激发学生可持续发展的实践行动力。

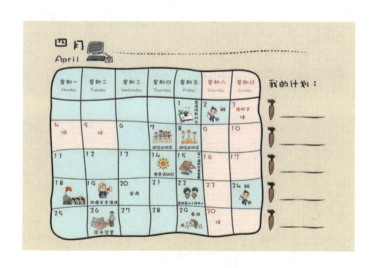

如何让学校管理全而不乱？校历本让我们确保手中有法。礼仪常规教育是小学德育工作的重要内容。校历本中将每月的礼仪常规内容编成朗朗上口的顺口溜。学生易理解，教师易操作，月月有计划，周周有重点，在一个个微小扎实的教育环节中将长峙学子培养成敏学善思、温暖良善、担当有为的人。

《小镇学校校历本》就像是学习和生活的指南，也赋予了家校合作更新、更强的生命力，让我们的学习与工作能有条不紊地开展。一本校历本在手，全学期学习与工作早知道。我们认真阅读并参与，记录成长的每一刻。

每一天、每一事、每一人都被记载于这本小小的《小镇学校校历本》中。微小变革赋能教育管理，系统思考、提早谋划、重在落实，激励师生共同扎实前行，生发出向往中的美好教育。

评价篇

叩问自我：看不见的评价

在这个各种观念碰撞的时代，随着信息技术的快速发展，反而变得更加匆忙，人的内心也开始变得复杂起来。人们都追求快一点、好一点、强一点，进步和超越……而教育却需要我们慢下来，尊重每一个人的自然成长规律和教育教学规律，不违背基本教育常识，扎扎实实地去做。笔者始终觉得，没有那么多的教育创新，反而有时候我们要坚守传统的理念。尤其笔者作为校长，更不能哗众取宠、追逐潮流热词，应去深思，为何只有越来越多的课堂表演秀与学校宣传策划，却见不到多彩而生动的校长、教师和学生？只见场面不见人，见了人却不见心？

你的教育温度有几度

午后资深班主任沈老师带着小姜、小滕来到笔者的办公室，因为两人已经连续两天没有完成作业。也许是由于"校长"这个称呼本身就带有一种权威性，笔者和沈老师两人配合默契，经过一番教育后，让两位学生各自去补作业。

这样的场景在学校教育生活中基本会遇到，想想我们的教育到底会对学生有多大的影响？对于不做作业的学生，上课经常走神不倾听的学生抑或是课外打架闹事的学生，校长、教师的一次批评教育就够了吗？显然不是的。但因为一次不够我们就放弃对其进行教育引导了吗？也不是。除了面对面的个别交流谈话，还需要进一步地追求、倾听、表达，联系家长形成合力，或是再寻找其他闪光点激发学生的某项潜能。

学校教育者要做的也许还有很多。例如，教育者的担当与情怀，一所真正的学校，需要一位温情的校长带着一群有温度的人用心发展有温度的教育，传递温度和热量，点燃不同学生的人生梦想和学习激情，拓宽他们生命的高度与厚度，用情操陶冶情操，用人格塑造人格！有温度是教育的应有之义。

2017年9月，笔者来到一所新创办的学校，因为在岛上，笔者又一直追求《窗边的小豆豆》里的教育梦，于是把学校昵称为"岛上巴学园"。从第一年招收的四个班级到目前每年新扩的8个平行班级，笔者切实感受到了用心做教育对他人的影响。茫茫人海中，与孩子相遇校园，共同成为孩子生命中的重要他人。"办一所受人尊重的小镇学校""培养每一个珍贵的普通人"。我们一起用爱与责任、专业与敬业、合作与共进绘就共同富裕下的海岛教育，用教育初心与使命保持教育的温度并时刻不忘追问当下的教育温度。

评价篇

校园文化：基因密码，看不见却影响深远

"我现在才明白一个道理，一所学校未来该怎么走，能走到一个什么样的境界，其实在很大程度上，是由其最初创建的时刻，详细地说是在初创期遇到的问题，以及解决这些问题的过程决定的。遇到的问题不一样，解决问题的抉择不一样，它将要走的路就不一样。在解决这些问题的过程中沉淀下来的东西，就这样浸入这所学校的肌体和血液，成为它的DNA。"这是笔者在《岛上学校》一书中阅读到的一段话，颇有共鸣。笔者特别认同关于解决问题的方式对一个学校的文化影响。回想在短短的五年办学过程中，虽然整体上顺利，但在过程中也有各种问题。问题是中性的，有时候坏问题会变成好事情，而学校要发展没有问题恰恰是不正常的。

有一次，学生在一节体育课上的意外摔跤，笔者和全体教师交流关于处理问题的态度、流程，同事之间的合作，以及家校之间沟通的问题。进而说到学校的基因。我们学校文化基因来自哪里？很大部分来自我们的母体集团——南海实验学校。作为校长，笔者的很多教育观、学生观、课堂教学观，都受到原先学校的影响。基因有优劣，在继承发扬中，我们需要不断完善。青年教师是学校基因的最大传承者，特别是新办学校中新教师多，年轻人自然形成一个团队，同伴之间、同龄人之间更有影响力，因此在学校的DNA复制优化过程中，我们需要做好对全体教师理念的培训、引导和熏陶。这不是空中楼阁，需要在学校的每一处教学场景、每一个课程设置、学生的每一次活动组织中，扎实地落实推进。教育的实践性要求我们必须把这种理念转化成具体的工作机制。每一天、每一人、每一事，在看似重复的每一个教育日子里，因为成长中的学生、教育是鲜活的，学校才会是发展的。

学校理念：不仅要写在墙上，更需实践落地

走进校园，我们不难发现墙壁上赫然贴挂着的教育名言、办学理念、校风教风等，有温度的教育是在常态的一节节课、一个个活动中，看到教育理念的反射。而功利的社会，会把有温度的教育办成冷冰冰的考试分数升学制。

在我们学校的礼仪大厅上，"教天地人事，育生命自觉""教育即呈现，儿童即可能"字句醒目可见，还有那句"在一起，做自己；有梦想，去远方"，我们每次在全校性活动结束后师生都要充满激情地共同说上一遍。而这样的记忆方式对于我们远远不够。我们热爱并忠于自己笃信无疑的办学理念、追求的校风教风，渐渐内化为每一位师生的"独有气质"。

"在一起，做自己；有梦想，去远方"中我们讲求团队的协作，教师要明白自己是在这个团队中，我们是有着共同目标的一分子，自己只有融入这个集体，找到归属感，才能彰显个性，"做自己"。《岛上学校》提到两种类型的学校，即修正型和滋养型。

这让笔者想起我们学校门口的月季花。刚开学的时候，学校门口的月季花都是同一个品种，花农老伯修剪得高低一致，照片拍出来整齐规矩，很是舒服。但过了一年，有些月季花枯萎了，于是有一次党员固定日活动，我们新买了一批品种各异的月季补种上去。每个党员教师还说认领一株进行照顾。今年春天，月季开放了，花色各异、大小不一、高矮不齐。单株看，单朵赏，美不胜收，惹人喜爱。但整体拍照片，总感觉高低错落，看起来不舒服。花农老伯说："校长，要不都修剪一下，那就好看了。"笔者一眼看过去，最后还是决定不要修剪。恰巧我们学校课程取名为"滋养课程"，旨在解决"面对启蒙期的儿童来到学校，我们能给予什么？"的问题是修正每一个儿童使其最终符合学校统一的标准，还是不准备修正学生什么，只是为他们的发展提供适切的滋养？这需要有足够的教育教学智慧、勇气和坚持。也许很多时候，一线的教师面对各种各样的琐碎问题后会动摇，但作为校长，一定要明白，必须要坚守一些东西，一些信念性的东西；看重一些东西，一些看上去并不是那么重要的东西，只有坚定、执着才能抵达我们的理想教育。

教师团队：共事成事，互相成全

评价校长、老师，最高的标准就是有情怀。情怀，是教育人应有的特质。教育是做人的工作，是心灵与心灵的对话，这决定了教育是需要有情怀的事业。情怀的内涵，归结起来就是有深厚的感情、有广博的胸怀、有高远的格局。"有着共同的理想，在追求共同目标的历程中建立起来的友谊，最牢不可破；在攻坚克难的工作中，因共同承受工作压力而建立起来的友谊，让人终生难忘。"一所有教育温度的学校，不是校长一个人，而是一群人守望共同的目标和理想，并肩合作才能共同抵达。

这让笔者想起第一年我们由15个人组成的团队，带着一年级4个班级的学生，每周进行学生活动展示，讨论春秋游综合实践活动的成行事宜，进行社团成果展的一遍遍排练，实现最后的精彩展示。一学期135篇学校微信报道中，人人参与拍照、编辑、撰写，篇篇都要经过修改后才能推送。就连学校疗休养一事，也都是开会讨论确定下来的。忘不了十多个人在房间的景象，有人坐凳子，有人躺床边、坐床上，还有人坐在浴缸里，只为能够互相看到，一直讨论到凌晨。蚂蚁岛党员活动、成果展活动，大家也是谈到夜深才离开。几位老师回房间后还意犹未尽，卧谈第二天开会的最好呈现方式。李海林校长说："刚办一年的学校有校史吗？"笔者想办校过程中的故事就是校史的一部分，会一直被我们怀念，是创业的一部分。第一年学校有关部门明确了只有三个负责人，而学校其他的事情，总归要有人做。教学管理和教师发展，学生德育和教育教学，很多工作没有完全的界限，更多需要我们互相沟通合作。"一专多能、一人多岗"在我们长峙校区体现得淋漓尽致，我们倡导实行青年教师的"三师制"，在对新教师的培养中让更多教师全方面地参与学校的各种工作事务，也让教师之间有了更多的互相沟通、了解的机会，在活动中建立互信，互相成全。

校园环境：用心打造，空间也育人

校园建筑是高度功能性的，除了遵循建筑的一般规范之外，更内蕴着教育的追求。我认为，教育空间的营造，核心在学生，重点在情境，关键在细节。学校在环境设计、布置过程中的细微之处，笔者能体会到校长蕴藏其中的良苦用心。肯德基的地板、寝室里的床、游泳馆里的蓝天白云、一条小河、一群鱼、一块草坪，这所有的一切看似渺小，却无不蕴含着校长的理念——学校为谁而创办？为谁而服务？回到我们的童年，回到我们对教育的所有美好期待和憧憬，即便是不能完全实现，但总是要去思考，怎样做更适合孩子。

我们学校每一间常规教室、多功能专用学科教室、公共开放的空间，都是和设计师进行多次沟通以及不下三遍的修改才设计成的。五年来，有六十多批次的省内外领导、教师团队和非教师团队参观我们学校，大家都感觉到了这所学校在空间设计上的用心和创意。尽管在做事上会遇到一些外在的条件限制，但是还需要继续思考："在有限的条件下，要求自己尽力去做，恰恰是对自我的巨大考验。当一切都成熟，而你只想去采摘时，这也许也就不需要你来做了。"

学校管理：有章更有情，长远看未来

"双减"政策的实施不仅仅针对治理校外培训机构乱象及作业负担，更要求学校强化教育的主体责任意识，逐渐加强学校内部的治理，重构学生校园生活，回归良好教育生态。这对当前学校管理提出了更高要求。

学校的各种会议怎么开？教师上班制度如何实施弹性作息体现柔性管理？课后服务增加是否应纳入学校课程管理体系？在现代化信息媒介的加持和大数据驱动下的教育教学评价中怎样看到人的发展？家校合作中如何在整合资源的同时又有边界？

学校出台了一系列"双减"后的制度及五项管理制度后，更需要在实践时有章可依、有情可原，毕竟这样的学校管理改革对学校而言是全新挑战。我们精简了每周会议确定会议主题及负责人，单双周轮流开展教师业务学习培训及常规事务反馈，复盘提炼经验并作为学习的资源。采用"我有一个问题""圆桌学习""三课制"等多种形式提升青年教师的专业成长。行政团队"每日分享"真实呈现了学校管理过程中遇到问题和大家理性思考、用心实践的过程，引导教师朝着共同的方向前进。

我们还构建了学校各部门下的项目团队，让更多教师在教育教学外参与学校的管理工作。"观澜沙龙""心理学研究团队""德育导师团队""信息化技术小组"等从各个点突破学校工作难点，老师们承担起学校的重点工作，并且让家长力量融入其中，借助家长和学校共创家校一体化。

现实的学校管理工作中会有很多无奈，也恰恰体现出教育的伟大。当我们遇到困难和问题时，学着让看问题的角度多元开阔一些，思维方式就会

评价篇

不一样。很多时候别人看到的是你风光无限的一面，深夜里自己独自舔舐伤痕，想必只有自己知道其中的滋味。学校和人在成长过程中一样，总会遇到大大小小、突如其来的困难，校长肯定是第一个需要面对和承担的人，也是第一速度反应者。"校长应该是学校里承受负面能量最多的人。"但笔者相信，一切都会过去，时间会解决一切问题。这样才能够平衡好自己的心态，管理好处理问题时的情绪。

《岛上学校》封面里有一句话："任何教育内容，都要先用心把它捂热后，再传递给孩子。我把这种考量，称为教育的温度。"学生放学后在静下来的校园办公室里，笔者再次叩问自己的内心："我们的教育是焐热了再给孩子们吗？我们的教育温度，有几度？"

生活里，太阳炽热，水波温柔。

教育里，教师热情，学生真挚。

愿有一天你们成为我们的骄傲

九月开学季，家长们沉浸在"神兽"回笼的喜悦中，但总有人在感受着与"神兽"共舞的酸甜苦辣。

一天举办了两场开学典礼。红色之年、奥运之年、扣好人生第一粒扣子等内容依然是前缀，二到五年级学生的口号为"冠军梦想，伴我成长"，一年级新生为"启智润心，幸福启航"。

早上足足两个小时的线上直播，一部分学生线下现场观看，大家始终保持安静有序，台上的学生无论是暑假生活的汇报小结还是奥运历史、冠军等故事的分享和才艺展示，都做到了完全脱稿，声情并茂，引人入胜。下午继续开展了五十分钟，一年级的新生虽然在班级3位教师的管理下顺利参加完直播活动，但只要在开幕和谢幕之际，总会有欢腾的自我娱乐声、呼朋唤友声。其实教师只要明白这是他们的第一次，站在幼小衔接的阶段看，一切也都再正常不过了。

两场开学典礼中，笔者最感动的是那些接到表演任务的学生或者家长，都做好了充分的准备，全程脱稿、流畅生动。作为校长，笔者也义不容辞有着需要在这样场合讲话的责任，每一次笔者总会想："怎样说孩子才会听，才能听懂，才能记住这一点？孩子喜欢听什么风格的校长讲话？校长讲话对他们意味着什么呢？"

首先，源于这些思考，笔者一般都会引用学生身边的例子，刚刚发生的事情作为引子，继而概括总结引发他们思考和共鸣。这一次以从"奥运冠军"活动到暑假期间我们参加了游泳、棋类、网球等比赛的学生为例，拉近我们和冠军的距离——冠军就在我们的身边，每一个为了自己的梦想去努力的人都值得尊重、敬佩和学习。其次，看到今天舞台上的学生彬彬有礼、镇定自若，他们其实也都为此努力积累了很久。还有些学生利用暑假的碎片

评价篇

时间坚持打卡学习各种技能、坚持阅读大量书籍，练习书法等，也是典型的"积跬步成千里，汇小溪成江河"最好说明，我们要看见微小积累坚持的巨大力量。最后，我们今天大多数学生的生活物质条件已经很好了，在家里我们享受着父母无条件的帮助和关爱，学校里也给学生提供了最好的服务和引导。但是学生学习成长要为自己负责，那就是要"自己的汗自己流，自己的饭自己吃，自己的事情自己干。"只有真正地说到做到，你才可以成为自己的冠军。校长最大的责任是培养一群有价值追求、专业精神和能力的教师，而教师最期待的是有一天自己培养的学生成为我们的骄傲，那是为师者最开心的时刻了。

教育从这样一个纯粹培养人的角度而言，确实是无私高尚的，因为原本那些学生和我们没有一点血缘关系，却倾尽所能希望他们比我们更好，这超越了人的自私狭隘，走向了人性伟大。如果我们教师能够这样想并能够无悔地付出，我们就有精神上的极大提升。

两场大型开学典礼活动结束后，我们又召开了新学期的体艺教研大组会议，商量精品课程和晚托之间的协调问题。每一位教师，都愿意在自己的专业领域内，花更多的时间去辅导，笔者始终认为这样的学校是充满希望和有温度的。大家开诚布公、畅所欲言，每个人观点、站位本不一样，但是商讨之后渐渐达成共识，最终实现更好的落地实践。

由于一年级段工作的特点是忙碌、需要细节管理和应对上衔接不够紧密等，我们立马安排10个行政教师到班上，实现一对一行政帮班。在从进校门到排队、吃饭、如厕、整理、穿戴、课程、活动的整个过程中，学生发展处等部门提出了新的具体措施方法，相信经过一个月左右的及时沟通、反思，对于一年级段学生的适应性学习有极大的改善、帮助作用。笔者最后和一年级段教师强调的是充分认识一年级学生的心理特点，用合适的方法方式、语音语调，面带笑容情绪平和地处理，这样开学的各种困难问题就都会过去。

杨绛在《我们仨》中写道："我们曾如此渴望命运的波澜，到最后才发现，人生最曼妙的风景，竟是内心的淡定和从容。"今天当笔者在台下看着这些学生在舞台上尽情自由地展示着自己，看着年轻的教师努力引导学生如何做好、听好、看好，笔者的内心又一次强烈地呼唤着：愿有一天我们的年轻教师成长为笔者的骄傲，愿这所学校毕业的学生能够成为教师的骄傲。成为自己，本来就是我们来到这个世界的最初使命，也是值得骄傲的一件事情。

评价篇

教孩子"表现满意"，而不是鼓励"感觉满意"

天气阴沉，冷空气到来了。伴随着降水，体育组通知学生在走廊出操。分配在行政办公楼前走廊的是二（4）班的女生，班主任何老师组织完女生后去管理另一侧的男生，趁着空隙，笔者和二（4）班女生一起做广播操。这学期笔者一直在出操时站在最前面进行镜面示范，这次和学生同一排了，笔者习惯性动作是镜面式，刚好和女生相反。小女生的眼神好奇地看着笔者，有点提醒的意味，又找到了一点亲切感。笔者心想校长也会做错的哦。到了第二节立马思维转换改变动作方向，努力撑到结束，孩子们也许是因为受笔者和她们一起努力做的样子感染，也许是女生本身相对自觉自律，广播操结束大家都很愉快放松地舒气，她们和笔者都沉浸在"表现满意"的快乐中。

之后的《小苹果》自编操因为学习程度不够又加上新学期没有温故，大多数学生都忘记了动作。但不影响他们锻炼。隔壁走廊三（1）班相对熟练，她们不时把眼神望向右侧三（1）班，一边模仿一边学习。因为没有压力，也没有高要求，锻炼的过程不是整齐划一的，但是学生很享受这个自由的过程，感觉很好。

笔者一边想着如何在下阶段提高学生自编操的熟练程度和锻炼水准，刚巧教学管理处潘主任和体育教研组长利敏走过来，大家达成一致，提出了后期做法：提高学生自主练习自编操的要求、下次下雨全班在教室内巩固自编操，组织全校开展系列操评比：广播操、啦啦操、自编操。通过练习—展示—评比—再练习，循环往复直到学生在体育运动过程中达到"表现满意"的状态而不仅仅是"感觉满意"。

这也是本周笔者阅读塞利格曼幸福五部曲之四《教出乐观的孩子》后的最大收获。当下我们的外部环境中有一种观点，提倡尊重孩子的自尊，用"你很棒""你真棒"之类的鼓励来认可孩子，企图达到培养孩子自尊自信的目的。从目标导向来说，这没错。但是如果我们只重视孩子的感受而忽略了孩子的具体行为，比如掌控感、恒心，克服挫折与无聊以及应对挑战的心理过程，那么孩子和父母只会在某些阶段"感觉满意"，真正有一天遇到挫折或者考验，就容易抑郁、一蹶不振。

现代心理学之父威廉·詹姆斯在100多年前就得出了一个公式：自尊=成功÷自我期望。"感觉满意"的人其实是对自我的期望很低，如果获得的成功越多那么自尊就高。没有任何有效的方法可以先不让他们达到"表现满意"的状态而直接让他们达到"感觉满意"，否则因果颠倒，就走在了虚空的自我感觉良好之路上。狂妄自大、自欺欺人都是后期的衍生品。对于小学生来说，不是鼓励儿童"感觉满意"，而是教导他们"表现满意"的具体方法途径、思维方式等。比如，做操规范、会听指令、坚持锻炼、挑战自我、欣赏同伴等。让学生知道你把时间花在哪里，你的精彩提升就在哪里。日复一日中既影响你的身体，也影响你的性情、品质和毅力。

虽然在"双减"政策之下但笔者依然多次向教师强调，我们要提升自己的专业素养、提高课堂效率、设计自主校本作业，做好每天的常规，要不厌其烦地抓好学生的礼仪学习、劳动教育、体育锻炼。因为只有以这些为基础，才能让学生更有力量、更有掌控感、更有容忍挫折的毅力和乐观品质，让他们走向美好明天。

评价篇

实现学生利益的最大化，做有价值的工作

本以为台风过后，中秋之后，天气会凉爽一点。但是到了早上的出操时间，阳光直逼得人睁不开眼，笔者一动就会出汗。

有个别教师建议说，在这样的天气状况下开展一天两次的大课间活动，都在走廊进行比较好。除了学生和教师都不被晒的好处外，还可以减少来去的时间。随着公务员作息时间调整，昨天晚上行政部门讨论新晚托作息时间时，教学管理处也建议可以把下午大课间安排在走廊，缩短时间。体育教研组组长戴利敏老师也建议，10分钟时间还不够大家整齐排队出发到操场，可以再多五分钟给大家准备。

每一次笔者都会认真倾听大家提出的建议，但是是否采纳建议笔者有一个根本原则和底线：是否更加有利于学生发展？

作为成人的教师，除了日常的课务教学工作之外，还要和学生一起跑操运动、吃饭午睡，偶尔要处理学生之间的小矛盾、小意外，以及来自家长社会的各种其他事务和责任压力……尤其是大热天一起外出运动，确实考验人的意志和体力。一个人也好，一所学校也好，成长进步就在你能不能把"你不愿意的、你不敢做的、你不能做的"做到了，坚持了。

开学三周，我们坚持下来了。一年级的学生原地跑，在大环境中没有一个学生掉队；二到五年级的学生坚持一天4圈左右、2公里的跑步，做早操、素质操等，还有各班特色运动因为组织困难，暂时先全校统一，为此五年级的学生还提出"抗议"，要增加特色个性化可选择的运动项目，增加趣味性才能体现我们巴学园为每个学生快乐成长服务的宗旨。四年来，我们第一届的学生在冬季长跑中每个人都能坚持到最后，每一个学生也都能坚持大热天跑两圈操。由此可见，每天坚持组织、落实好一天两次的体育大课间活动，只要全体教师认为这是一件好事，并大家一起克服困难，是能够做好的，也

会受到学生的欢迎的。即使在跑热了口渴的时候，他们会抱怨喊苦，但这六年会影响他们的一辈子，坚持跑步、坚持每天运动，会是他们在长崎校区最难忘的校园记忆，也是笔者期待给未来学生带来好影响的因素之一。

为此，今天早上笔者特意对全校30个班级到操场开始运动时间、结束跑操做早操时间、每班学生到教室时间进行记录，总共25分钟，我们预计可以留出5分钟休息时间。而下午大课间体育组突然发通知说天气炎热改为在走廊出操，全校有三分之一的班级没有及时收到通知直接去了操场，之后又走回来，显得管理随意、松散、不科学、不严谨。第一，变动通知要提前并以班主任收到为准；第二，不能主观地随意改变制度上规定的活动或者时间，除非确实有不可抗拒的因素影响。

小学基础阶段，体育运动的价值意义并不是让个别有体育特长或天分的学生培养运动员，在竞技场上取得名次、为学校争光。我们并不排斥二元对立成绩荣誉给学校带来的良好影响，但是我们更看重基础启蒙阶段中每一个学科教育对学生良好习惯的培养、兴趣的激发，掌握几项技能并从中发现自己的爱好特长。成长比成功更重要，我们认为教育的本质，不只是让学生有好的成绩，更有个人的成长，作为教师更有责任充分尊重和捍卫那些艰难学习活动带来的无法测量的价值。

想当初第一个提出校园"阳光体育活动"的人，不仅仅期待着学生在运动后成长为阳光健美的少年，更是指出我们的学校体育活动要真实的发生在阳光下、操场上。汗水在流淌，生命在成长。

评价篇

做菜是道教育的好"菜"

一日，笔者在五（1）班上科学课——"火山"主题，从火山成因的推测争论到火山喷发视频观看，最后对火山影响利弊展开交流。教材中有一个模拟实验，用土豆泥、番茄酱组合后加热来间接观察火山喷发时的现象，笔者认为这个模拟实验现象对于学生理解火山喷发作用效果一般，可能对让学生体验感受火山喷发岩浆涌

出来这个过程有辅助作用。课堂时间肯定不够，笔者结合劳动教育的宗旨在教学设计时把模拟实验布置为家庭作业，让学生晚上能够一边做实验、一边完成土豆泥自制，最后还可以品尝美味的土豆泥番茄酱。

从晚上学生上传到钉钉相册中的视频和照片看，大家的实验材料各种各样：锅、碗、瓢、盆、夹子、煤气灶、酒精灯、蜡烛、勺子、番茄酱、土豆……有些学生对土豆泥湿度、数量和番茄酱摆放位置控制得好，实验成功；也有的太干或太湿，实验失败再来。感谢家长们的支持，可以想象经过这样的实验之后孩子是开心了，但是父母肯定要一起帮忙整理收拾厨房。这个过程也是"双减"之后亲子家庭生活沟通的好时机，学习和生活两不误。

笔者想起上学期间写过的一篇家庭教育中关于劳动的文章：《做菜是道教育的好菜》。笔者在疫情期间看到家里的食材有牛肉、白菜、粉丝、洋葱等，不同的搭配自然味道不同，而且多种搭配随机组合完全在于做菜者。教育也是如此，不同的教育方法、手段、策略，根据每个学生不同的特点加以运用，没有标准的方法，只要和学生的性格相适应，做到因材施教就是最好。

同时"做菜是道教育的好菜"意指家庭教育中厨房烧菜的劳动教育，让学生不仅掌握一日三餐的营养搭配，了解锅、碗、瓢、盆等工具的使用，还能够潜移默化地了解人类的劳动体系如何维持和促进人类生活，观摩那些技艺高超的厨师、工艺师的劳动过程和产品，体会高水平劳动中体现出的行云流水、游刃有余的美感，欣赏色香味俱全的美食、让人叹为观止的工艺品等。亲子之间还可以观看纪录片，如陈晓卿导演《舌尖上的中国》《风味人间》，或阅读汪曾祺、蔡澜等撰写的关于美食的文章、书籍，旅游或者逛商场时一起购买中意的各类厨房用具，柴米油盐让家更加有温度、烟火气，也让家庭劳动成为自然生活的一部分，融洽家庭氛围和增加感情联络。

劳动作为人类一种基本的活动方式与人的发展和教育具有密切关系。人类的发展就是不断利用劳动工具、改造劳动工具让生活更美好的发展过程。在家庭教育中，如何让学生树立正确的劳动观，学会最基本的劳动技能，照顾自己并能够带给他人方便或者服务他人社会，都离不开劳动。正如马克思所说："劳动首先是人和自然之间的过程，是人以自身的活动来引起、调整和控制人和自然之间的物质变换的过程。"人在劳动中通过体力和脑力的付出，创造财富，同时创造着自身，展现了自身的自由与创造性。人在劳动中是真正的主人，其劳动成果展现了自我。

正因为我们对劳动和家庭教育有了这样的认知，在孩子成长的过程中，我们要重视对其进行家庭的劳动教育，依据不同年龄阶段的特点，根据学生的兴奋点和兴趣爱好，以"烹饪"美食为载体，结合学校的学科学习，让学生完全自主地参与到家庭生活中，既让父母对学生最基本的身体照顾进行负责，更培养了学生健康的生活观念、爱护自己的身体、关心家人、热爱美食和生活，也感恩大自然赋予我们的食物以及食物带来的美好的感受体验。

在今天比较大的应试压力下，与考试无关的活动被挤压，我们也在有意无意中将学生的闲暇活动时间大大缩减，给学生传递着"没关系，现在劳动不重要"的错误信息，慢慢让学生变得四体不勤，这为一些人成年后满足于寄生生活埋下了伏笔。"一切能够外卖解决的问题都不是问题。""外卖"成了足不出户"寄养"的便捷生活方式，也失去了很多感受自己劳动的快乐和美好。而相反，如果我们现在能够在学习之余，稍微腾出一些时间和空间，放缓脚步调节节奏，家长重视这些与日常生活密切相关的劳动，养成简单烹饪、自己做家务、打扫卫生等习惯，学生能够将劳动结果所带来的愉悦作为一种调节剂，更好地投入下一轮学习。学生也能够在自己参与烹饪等家务劳动中，感同身受于父母所担负的责任、辛苦，继而彼此更加尊重、乐于互动和保持友善。

家庭教育是孩子的起点，也将决定孩子未来的路。为孩子一生积蓄成长的力量，不仅仅是在智力上的发展，更是身、心、手、脑、脚等协同发展。以家庭生活中最常见的烹饪为载体，在劳动中学习做有益的事、明智的事、美妙的事，更容易把自己看作与他人平等的、自食其力的劳动者，不愿意过懒散、缺乏自主的寄生生活，这也许是我们能够给孩子最好的家庭教育吧。

向外求索：
光有情怀还不够的评价

　　笔者引用朱小蔓先生的一段话："人活着太需要支撑我们生命的东西，太需要为我们每一天的生活得到鼓励和依据的东西，所以我们需要寻找自己为人做事的原则、信念乃至方式。"对标教育者，这种"原则、方式"指的是情怀、理想。面对目前学校里相对统一的"输出"评价，教育者往往会有无可奈何的妥协与无力。我们需要借助基本的教育法律、规律、科学原则来武装自己，争取让"多把尺子量学生"不再是口号。

男孩教育和女孩教育是不一样的

　　总校集团的心理学小组在学习中有老师提问，男孩子的养育过程中，总会发现各种问题，且多于女孩子。男孩子从小被冠以调皮、捣蛋或者不省心等标签。男孩子容易犯各种错误。那么对男孩子开展的教育和对女孩子开展的教育到底有哪些不同？我们该怎么更好地进行引导呢？

　　初中部的郑联老师当时是这样回复提问者的：在回答如何处理男孩身上的这些"问题"之前，笔者想先说为什么与女孩相比，"男孩总是没那么省心"，其主要原因是男孩与女孩在大脑构造上的不同。男孩血液中的多巴胺含量较多，流经小脑的血量更多。多巴胺可增加冲动和冒险行为的概率。而小脑是控制行为和身体行动的。流经小脑的血流量多，小脑就比较活跃，所以男孩爱动。男孩的胼胝体与女孩的体积不同。女孩的胼胝体能容许两个大脑半球间进行更多的交叉信息处理，可以同时同质量地完成多项任务。而男孩某时间段内只能做一件事。如果非常频繁地变换任务，他们的表现就不佳。他们的大脑同时完成多项任务后的主要反应是产生挫折感，因此，男孩在课堂上容易发生更多的违纪问题。男孩与女孩大脑中的海马（大脑中的一个记忆存储区）的工作方式也不同。男孩需要更多的时间才能记住课堂上讲的内容，特别是写出来的文字内容。这就是背课文对男孩是件困难的事的一个原因。男孩的额叶既没有女孩活跃也没有女孩发育得早。所以，男孩容易作出冲动的决定。这种冲动还和男孩具有更多的睾丸激素（一种与攻击性行为密切相关的激素）与后叶加压素（与地盘性和等级制度相关）有关。尤其是在青春期的时候，男孩的荷尔蒙正使男性产生攻击性行为、空间—机械和肌肉运动知觉的身体体验。在完成任务的休息时间，男孩的大脑会进入一种"睡眠状态"，使自己恢复、补充能量后为完成下一个任务做好准备。大部分不完成作业、在课堂上停止做笔记或睡觉、以摆弄铅笔（做小动作）或坐立不安等方式进行自我刺激的学生都是男孩，这样做是为了保持清醒以便继续学习。所以，当我们在讨论"男孩不那么省心"的时候，其实我们忽略了男孩本就如此，本该如此。但这并不是说我们就不能对此作出干预。

听完郑老师非常理性且有现实依据的回答后，笔者的脑海里一遍遍地回忆往日自己遇到的调皮男生，确实有这些表现。教育不仅仅局限于懂得就好，关键还是要明白我们怎么去做，去改进呢？大家开展讨论之后我们总结了以下几点。

1. 适量运动

有研究表明，男性和女性一样有大约一个月一循环的生物规律周期，具有周期性的情绪低潮。在情绪低潮期，男性表现为焦虑、心情烦闷、脾气暴躁。多进行体育锻炼，让男孩有机会发泄掉由荷尔蒙激素给他带来的烦躁情绪。体育精神中的参与、拼搏、坚持、团队精神、不达目的决不罢休等都是现代社会所必需的良好品质。在学校教育方面，我们一定要上好体育课，保证体育课的基本运动量，鼓励男生选择自己喜欢的项目并展开重点练习，成为他们一生的一项运动技能强项。

2. 适度管控

在《性别差异心理学》一书中，麦克比和杰克林发现男性比女性有更高的侵犯倾向。男性用攻击行为去获得别人的认可。那些受父母严厉管教和没有父母管教的孩子都把世界看成是一个暴力场所，而且把暴力视为解决冲突的好办法。所以，作为家长和教师不要过多、过细地要求男孩这不能做、那不能做，也不要一味地关注他调皮捣蛋的一面。当男孩在基本原则外做出恶意伤害他人或破坏公物的举动时，要及时劝阻、严肃教育，但在可控范围内允许他们保持放松自由。

3. 和谐沟通

男孩的交往方式是分等级的，倾向于建立权威感。语言是直接的。他们喜欢控制谈话的内容。他会通过延迟、使用最小回应或不给予最小回应，打断他人、挑战他人、反对他人、忽视他人观点，以及宣布事实和自己的意见的方式来控制谈话过程。在日常沟通中，我们可以采用让男孩参与并控制部分谈话过程的方式，给予他一种权威感，这样，后面的教育就会更顺畅些。学校里可以专门给男生多一点主持班会或者小组讨论担任组长的任务，作为

评价篇

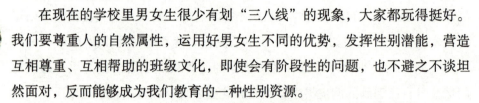
父母多倾听并给予信任，让男孩自己做主。

在现在的学校里男女生很少有划"三八线"的现象，大家都玩得挺好。我们要尊重人的自然属性，运用好男女生不同的优势，发挥性别潜能，营造互相尊重、互相帮助的班级文化，即使会有阶段性的问题，也不避之不谈坦然面对，反而能够成为我们教育的一种性别资源。

要给男孩"最少的指导、最大的耐性和最多的鼓励"。

为什么学生年龄越高上课举手参与的就越少

在总校集团心理学组讨论过程中，旌旗山校区的范俊杰老师提出解决高年级学生上课不举手或举手不积极的问题，由幼儿园的许萍老师加以回答。针对学生"举手"的问题，老师只关注"举手"或"未举手"这种直观表现出的结果，并常常将其原因简单归结为获取关注、炫耀、胆怯、无知等。其实，无论成人还是儿童，都有胜负心，他们渴望从"举手"行为中获得认可和存在感。与此相关，"想而不敢举"占据大部分学生的内心世界，包括教师，在现今这个阶段在需要发表或阐述意见的场合也还是存在着这样的心理。

笔者深深认同许老师的这段话。在小学，低年级学生上课明显呈现热热闹闹、小手林立的场面，到了中高段就只有若干学生活跃。当然也和不同课型、不同教师上课过程营造的氛围、创设的问题情境等有关。

但学生"想而不敢举手"的普遍心理符合儿童趋利避害的认知。人类有趋利避害的本能，学生也是如此：当面对不能控制、无法预见的焦虑局面时，出于自保会采取利己的方式。在举手与不举手的心理矛盾的冲突中，造成个体基本存在的不安、内心剧烈冲突，会遭遇不可避免而难以克服的内心障碍，即出现自卑、焦虑等各种情绪交杂的情况。"我"纵然心里非常想举手，但是外在做出的最终行为依旧是未举手：由于外力与自我要求使主体感受到冲突，害怕站起来回答不好，老师会批评，同伴会评头论足；而且站起来回答问题有种压迫感，本来能回答好问题却由于突然起身站在人群中的惶恐而变得糟糕……这是学生为解决内心自卑诉求的方法，形成一种自我保护的屏障，年龄越大这种自保的意识越强。这尤见我们成人的一些培训活动中，如若主持人请大家举手提问，往往会有尴尬的场面。

那么在了解了这些原因之后，我们教师在课堂教学过程中对于学生的参与度（举手来看）如何加以激发引导？

评价篇

（1）正常看待，移情理解。在教育场域中，积极举手表现的学生会被教师积极关注，其他学生处于被一般关注或消极关注状态。因此，教师在"正常看待"的基础上"移情理解"，理解学生正经历自卑情感时的无助感，理解学生摇摆不定时难以抉择的困难感，理解学生最终做出不举手决定后的懊恼感，把这种现象正常化看待，心理上认同。

（2）改变方式，优化环境。抛开礼仪上的约束和要求，教师可以改变课堂回答问题的方式，将站起来回答问题调整成学生坐在位置上，允许学生除举手表达观点之外的一切合理的应对问题的方式。

（3）人文关怀，对话互助。一直以来，学生已经意识到，有时教师的提问是故意的，为的是警告上课时不专心听讲的学生。师生对话浓缩了教育的生态场景，也暗示了师生的某种关系。能够把对话建立在关爱、谦逊和信任的基础上，对话就变成了一种平等关系，对话者之间的互相信任是逻辑的必然结果。

（4）积极暗示，正面引导。尊重学生的个体差异，教师要用鼓励性言语、亲切的体态语积极主动地进行心理建设，降低自卑感。学生"想而不举手"应当归位于教育心理学范畴，阿德勒"自卑补偿理论"可以为此提供一条分析途径。

高中部的马佳凯老师说到学生课堂回答不积极的原因：

（1）初高中学生的身心发展特征表明，学生关注同伴认可，从众效应也表明一个课堂中，教师突然提出的问题，学生就算知道也不愿单独回答。

（2）课堂提问的有效性，很多提问往往是以对错、是否为答案，初高中学生往往有不屑于回答的情况，另一种情况则是教师没有给足学生思考时间，往往因为教学内容体量问题出现自问自答的情况。

（3）一堂习题课上，教师的"满堂灌"是普遍现象，长期如此就导致学生被动听讲不主动回应的状况。针对以上问题，我们在课堂提问时可以思考：学生提问或者回答问题既是一种长期形成的惯性思维影响的结果，也是课堂氛围营造产生的效果，需要教师精心备课，不断用积极心理暗示来鼓励那些敢于回答问题的学生，并且在回答错误的情况能给予中肯建议和回应。而不是学生一回答错误就马上否定或直接给出正确答案。特别是在新授课中，给足学生思考时间和小组讨论的时间或许可以走出学生不愿意回答提问的困境。

在参加集团的心理学小组活动后，从幼儿园到高中教师，对同一问题尽管有不同观点，但都是在基于自己的客观认知和一定理论基础上提出的。当我们用一定教育学心理学的理论指导实际教育教学中的所遇问题，就会豁然开朗，并在对学生进行表型评价时多了客观理性，少一份自以为是的所以然，也在南海集团"做专业"方案中认识到学习教育学心理学的必要性；认识到教有"教理"，学有"学理"；认识到教师平常的教育教学活动，已经有意无意、自觉不自觉地运用了教育学、心理学专业知识；认识到教育的本质是"育人"，教育的全部内容和价值都指向"规律"二字，尊重科学、敬畏规律是我们的基本遵循；认识到只有充分发挥思维的力量、专业的力量、规律的力量，教育才有可能创造奇迹。

每天称重剩菜桶后的评价

　　"光盘行动"倡导节约，反对铺张浪费，带领大家珍惜粮食、吃光盘子中的食物，得到了从中央到民众的支持，成为2013年十大新闻热词、网络热度词汇，也是知名公益品牌之一。2020年8月11日，习近平总书记作出重要指示，坚决制止餐饮浪费行为，切实培养节约习惯，在全社会营造浪费可耻、节约为荣的氛围。12月4日，光盘行动入选2020年度十大流行语。2021年4月29日，十三届全国人大常委会第二十八次会议表决通过《中华人民共和国反食品浪费法》，自公布之日起施行。

在上述社会背景下，我们学校开展了"光盘行动"，除了倡导节约、不浪费外，还给学生普及不挑食、均衡营养的理念。全校学生都在食堂或者教室固定就餐，按照年级高低，食堂还设置了不同大小的饭菜盒，在数量上有差异，有时候学生实在吃不完。确实有不够的，另外配备了加菜区，学生可以自主去要求加菜。

每次去巡视各年级学生的就餐情况，笔者发现二年级段学生的纸质餐饮浪费最少、光盘行动做得最彻底，而且全程由小干部管理，有模有样。笔者特意了解到顾思益老师所在的二（3）班的情况，班主任的评价与引导对学生集体参与完成任务，起着非常重要的作用，在教育本质上运用智慧的方法。

顾老师是这样做的：开学初，设立了各种小岗位，其中有两位就是"光盘监督员"，其中一人负责检查光盘情况并做好表格记录，另一人负责检查就餐情况和桌面、地面的卫生清理情况。每天上午结束排队去吃午饭，这两名监督员不和班级队伍一起走，而是先去食堂就餐，为的是让他们吃饭不那么赶，有充裕的时间去管理与监督其他同学就餐。

一年级的时候就告诉学生，自己的事情自己做，当然，吃饭是自己的事情，吃饱饭、吃够菜可以保证我们身体健康并在下午保持积极的学习状态。每个人难免有自己不喜欢或者不能吃的食物，如果强迫学生都吃下去，可能会让学生对吃饭这件事情产生阴影。拿到餐盒后，学生不急着动勺子，先看，如果有当天不能吃或实在不想吃的食物，可以问问旁边的同学，如果有愿意吃的就可以把它给同学吃。（有些学生当天有感冒、咳嗽情况，不适合吃海鲜，或者对海鲜过敏，那么可以把虾等海鲜都分给爱吃的学生，如果是蔬菜，建议分一半，自己尝尝看，没准食堂师傅和爸爸妈妈做法不一样，味道也不一样）。有学生身体不适或吃不下一格饭的时候，可以分给经常需要加饭的同学，也可以报告教师减掉一些饭。有时候肥肉比较多，学生不愿意吃，告诉他们"精夹瘦"更有嚼劲，尝一尝，不愿吃肉皮的可以不吃。

吃完饭，先给监督员看看自己的光盘情况，如果监督员认可了，便可以把汤汁或剩菜倒掉，再去摆放餐盒和打扫桌面、地面；如果菜剩得比较多，监督员会提醒再去吃一点。当然，饭是不允许剩的。每天中午，监督员会根据学生的光盘情况，给予不剩菜的学生小红花奖励，有剩菜的学生下次要注意。每周五吃完饭后，监督员汇总这一周每天光盘的同学，班主任发一分成长币奖励。不能每天光盘的，也可以累积小红花，十朵小红花可以兑换一分成长币。

两年下来，班级里的光盘情况良好，每个月的光盘称重最佳都"榜上有名"，每次都能得到学校颁发的豆奶奖励。学生也渐渐地有了动力，为学校奖励而光盘，为班级荣誉而光盘，为个人成长而光盘。有一个学生以前从来都不吃蔬菜甚至去过医院检查，医生也"无解"，现在也渐渐爱上蔬菜，每次都能看他光盘记录上的"星"，身上也渐渐长肉了。在顾老师用心的介绍和班级学生每天的记录中，我们用量化的数据评价记录各班级学生的就餐情况，学校整体的餐饮浪费大大减少，也确实节省了食堂的垃圾运营费。我们把道理讲给学生听，把数据量化给学生看，也把切实的奖励给学生，光盘行动在学生中成了一项集体共同的活动，现在对学生来说，"光盘"不是责任，而是"义务"是"习惯"。

拿到一本二年级学生的"小说"

出操时，二（6）班陈玲艳老师神秘地和我说："有一本学生自己写的小说书，放在你办公桌送给你。"心里纳闷，二年级学生的小说？是不是我们学校每个学生在编写整理的每学期作文集？多印了一本送我？带着好奇回办公室，桌上果然多了一本像模像样的书，一看封面还是彩印的。迫不及待打开，第一页是书名、作者，第二页人物介绍，第三页目录，之后是正文，最后封底上还有大大的一个"完"字，以及一句"你们忠诚的九岁作者——刘忻灵，童年的记忆，第一本小说"。

再读一遍书名，《小老师上学记》。二年级的小姑娘会写些什么呢？于是趁着冬日里难得的明媚艳阳天，一口气把小姑娘的"小说"给读完，不时被其中的纯真、古怪精灵想法和孩子独特的犀利洞察给逗笑，引发深思。"小说"有41个故事，大多和校园生活有关，如《冲鸭考试》中奇怪的同桌留字是小伙伴间学习生活里的小调皮捣蛋，《秋游记》中记录着我们学校倡导的"自主准备食材食育和分享的快乐"，《下围棋》中记录着校园草根围棋里的高手影子，《认识烦恼》记录着心理课的小收获，《游戏课》《颜色报》《歌唱比赛》《拔河》记录着学校的"特别时光"里孩子们独有的感受，《垃圾公开课》更是记录着本学期开展创城后带给孩子的思考……"小说"的另一部分是和孩子生活中有重要关系的他人的故事，如爸爸、妈妈、哥哥、小伙伴以及孩子眼中的小动物如狗、兔等。家庭生活中爸爸妈妈监督孩子写作业、哥哥打游戏、逛超市、去养老院、图书馆等，看似稀松平常，折射了当前最现实的家庭关系和日常生活。

合上书，作为校长，笔者不由思考，二年级的学生怎么能够写出这样一本"小说"？如果她不是在我们学校读书，会有这样的"创作"吗？既然得到小作家的赠书，笔者做些什么去放大这件事情的意义价值，在鼓励这名学生的同时，带给更多的同伴榜样示范的作用？

笔者拿着书来到二（6）班教室，刚好陈老师在课前准备中。"刘忻灵呢？小作家给我签个名吧！"班级的学生一看校长拿着书来了，热闹活泼地推着"小作家"到笔者跟前。笔者郑重地递上笔，邀请刘忻灵入座，大家自然热情地围拢，也说着："给我也签个名吧！"（小作家给全班每个同学送了一本书）那个被簇拥和被欣赏的时刻，被崇拜认可、被尊重需要的感觉，笔者想是孩子成长过程中或者我们成人也非常需要的特别时刻，这种感觉就是"峰值体验"，是"荣耀时光"，类似于最优体验。当我们处于最优体验时，就会感到无比欣喜，觉得有能力控制自己的行动，主宰自己的命运。所有善与美的感知，也许会在未来的某一天给这个班级的孩子带来精神成长的力量。

二（6）班学生恢复常态开始上课了，走出教室时笔者想，刚才校长请"小作家"签名赠书的时候，就是学校教育带给学生的一种特别意义的时刻。如果单纯地为了获得家长的鼓励与肯定，就仅仅限于家庭而没有走向社会。而我们培养的学生最终需要在社会中服务他人从而实现自我，要建立和社会的联系，因此学校就是学生走向未来社会的"铺垫""前社会"，而且同龄人较多，更具有交往的对称性与联结的自然性。每一个教育者都应该留心每个时刻所包含的可能性，基于不同学生的现状，进行特别的"行为设计"，创造欣喜，激起认同，获得荣耀，鼓励连接。"小作家"是这样形成的，下一个也许是"小厨师""小拉丁舞爱好者"，这不是和谐社会所需要的多元化的价值认同与个性化的发展吗？

下班后，笔者和班主任陈老师聊关于刘忻灵的事情。班主任陈老师细细地向我介绍她入学时的情况，通过小海豚成长记录本反馈，了解到她对写作阅读的热爱，语文老师在课堂上给予她自我朗读文章的机会并推荐给同伴，激发她更高的写作热情。同时，学校关于大量识字提前阅读和拼音教育与计算机辅助的课题研究，让她能够把大量阅读后的心得通过计算机打字输出，没有低年段学生汉字写作的障碍。学校里每周的"增广通识"课程与"特别时光活动"课程，使她有了大量的信息输入与直接体验，成了她"小说"创作的题材。文学的功能在于拓宽人的经验。纵有无限的想象力，如果没有足够丰富的经验作为想象的素材，她的世界很快就会因贫乏而萎缩。透过刘忻灵的文字，我们看到了丰富多彩的校园课程生活对一个成长中孩子产生的影响，而其他学生在每一次学校特色的课程学习结束后，在个人主页上，在微信后台的图片中，我们能发现学生都是有话可说，有事可写，有情可抒，有梦可寻的。

笔者想到，学校教育很重要的一点是教师要依据学生培养的目标树立正确的课程观，有共性的规定育人跑道，学校先铺好道，引导学生去跑；也要有个性化特色差异化教学的小路，允许学生按着自己的成长节奏或散步，或快走，或冲刺。在这样的课程观下，随着信息化技术、全球化的发展，我们课程实施的内容、评价的方式、借助的工具都需要与时俱进。拼音教学与计算机辅助相结合，在一开始我们也产生了质疑，那么小的学生用电脑合适吗？拼音教学一个星期可以完成吗？但事实证明，只要我们教学方法得当，适度借助工具，让学生掌握一项技能来提升对学习的兴趣，减少了拼音学习的枯燥，多了一份自由选择和真实实践体验，不断在运用中发现错误改正错误，真的是一举多得。刘忻灵整本"小说"由自己电脑输入完成，偶尔发现有几处错别字、标点符号错误，笔者想这完全不影响她写文章表达自己的情感，其他学生不也如此吗？

黄武雄在《童年与解放》一书中讲到儿童的三大创造特质，即洞察复杂事物的特征、体验的勇气、免于偏见的限制。笔者再一次翻阅与浏览刘忻灵的"小说"，一次次在她描述的故事里找到印证。抬头看到办公室里的"抱朴怀素"四个字，笔者想学校教育就要回归朴素的面目，保存并发挥孩童原有的创造特质，使天真烂漫的儿童在高度的自主性中，走入未来社会，为人类文明注入富有创造的批判力与生命力，纯净我们成人的世界，让社会更和谐。而犹记得陶行知老先生说过，教育要在儿童自身的基础上，过滤并运用环境的影响，以培养、加强、发挥这创造力，使他成长得更有力量。这么一想，又觉得学校教育的责任很大，难度很大。在学校时间越长，和各种各样的孩子打交道越多，越对教育与孩子心怀敬畏。

评价篇

《小繁星》义募：评价的评价

当代著名教育专家王自超教授在他的著作《自觉教育体系》中指出，教育应遵循"言传不如身教，身教不如境教，境教不如心教"的规律。《小繁星》义卖是我校语文课程改革中开展的一个活动，提倡

学生写作，每学期（学年）把优秀学生的作文进行编排，整理成一本《小繁星》。有意思的是，除了学校每人赠送学生一本《小繁星》外，我们还特意多编印500本左右，让每个班级的学生自主认领，去参与社会实践活动——义募，把义募所得再用于其他的社会公益活动，一系列的教育教学活动设计，旨在让学生感受到学习成果、劳动成果可以转化成其他更多的活动，我们有能力通过自己的努力去做有意义帮助别人的事，这是快乐和幸福。

《小繁星》让每一个学生都参与，每一篇作品均会聚童真，儿童诗、童话、游记、观察日记……体裁多样，题材丰富。《小繁星》义募活动开始前，校学生发展处、大队部制订了详细的活动方案，并向全校师生发起倡议，各班级积极响应。各班家委会进行分组活动，利用学生的闲暇时间开始设摊进行《小繁星》义卖活动。一年级的学生在刚开始的时候由于羞涩不敢和他人的直接沟通，但在家长的鼓励下勇敢地迈出了第一步。其他年级的学生由于以前积累的经验在社交中显得落落大方，在行人的帮助下，顺利完成任务。

从自己书写作品到通过自己的努力成功进行义募，从让他人看到自己的作品到用义募换来的善款帮助他人，《小繁星》义募活动的每个环节都让学生在学习中、分享中、奉献中收获了愉悦。王自超教授在《自觉教育体系》中写道："学习是需求不是负担，其原动力在愉悦而不在快乐。"愉悦是学生在能力成长、智慧成长的时候产生的一种精神体验，它是一种持久的，只能独享、不能分享的一种精神体验，我们在奉献的时候会有一种愉悦感，在能力完善的时候会有愉悦感，所以愉悦是学习的推动力，《小繁星》义募活动作为平时学生学习成果的体现，得到了他人的认可，在积累的同时又可以帮助有需要的人，正是我们给学生创造了这种能力成长、智慧成长的机会，才能在愉悦中对学生开展自觉教育。

"转识为能，转识为智，转识为德，转识为行"，举行这样有意义的体验活动，相信在学生成长的路上会给他们留下深刻的记忆。温暖良善、敏学善思、担当有为，让我们从每一件小事做起，朝着这样的目标前进。

经过几年的积累，我们的《小繁星》义募活动已经变成学校德育的一个品牌项目活动。经过一届届学生的努力，《小繁星》厚度增加了，内容不一样了，但学生义募的热情都不变。我们约定把《小繁星》义募活动专门放在三月志愿月的学雷锋系列活动之一。当南海实验学校长岐校区一（5）班学生学唱《学习雷锋好榜样》这首歌曲的同时，这群少先队员走到城市的各个角落去宣传"雷锋精神"、去践行"雷锋精神"。

星火假日队的小队员们每人手捧《小繁星》，在商场，在超市，在小区，在街道，向每一位路过的叔叔阿姨、爷爷奶奶介绍：我们是南海实验学校长岐校区的小雷锋们，这是我们小朋友自己写的作文书《小繁星》，我们希望我们的爱心能帮助到需要帮助的贫困学生，请您也献出一份您的爱心……在活动的过程中，有的队员快速义卖成功，欣喜若狂；有的队员遭到拒绝却绝不气馁；有的队员互相帮助携手同行……100本《小繁星》，在队员们的齐心协力下，已经与100位好心人士搭建起了爱心的桥梁。

评价篇

模夫流考
鼠们真棒

教育即呈现：看得见的评价

"儿童即可能，教育即呈现"，这是在学校接待大厅里展示的我校办学理念之一。通过看得见的"六个一"动态绿色评价，我们全程记录、全员参与、全科联动，旨在评价的时候少一份甄别、删选，多一份鼓励、肯定。"小海豚""小镇校历本""项目化游考""综合素养单""成长档案盒"，五年来，我们踏实践行从不懈怠。我们期待在看得见的评价中，看得见学生的成长足迹，这也是教育留给孩子的美好回忆。

今日事今日毕

——《小海豚成长手册》之好习惯早养成的教育故事

当你听到"越自律越自由"这句话的时候，你觉得说这话的会是谁呢？你能想到这竟是出自一个一年级学生的口中吗？小睿，一年级学生，家里的老二，父母对其教育比较自由，会给予帮助但不过分参与。因为父母工作关系，出差工作较多，大多数时间小睿都由家里的长辈照顾。因此，小睿从小就比较独立，也明白自己的事情更应自己做的道理。

中午自习课前十分钟，班主任何老师按照惯例将放学后的作业写在黑板上。这并不是要求学生马上进行摘录，而且班级里大部分的学生都在教室外面。有的和小伙伴聊天、游戏，有的在植物角照顾、欣赏自己的花草，有的在教室里整理、打扫，等等。然而小睿就坐在位子上赶紧在自己的《小海豚成长手册》中将黑板上的作业记到"今日的事"这一栏中，然后又开始拿出对应的作业做起来，旁边的同学在干什么都丝毫不影响他。终于自习课的铃声响了，所有的学生开始记录黑板上的作业，然后有序地开始完成作业或者自主阅读，小睿一个劲儿地做着作业。

那天放学时，何老师有意识地问学生："今天老师布置的作业都完成的小朋友举举手。"果不其然，小睿就是其中一个，当然这也在意料之中。何老师就抓住机会大大表扬了小睿中午自习前以及自习课中的表现，也趁此机会和学生讨论起关于"今天的作业怎么安排"的话题。别看只是一年级的学生，说起来也很有道理，特别是小睿的那句"越自律越自由"。同学们一听显然愣住了，何老师就干脆让他自己来解释。他说："当我把今天必须要做的事情都已经完成了，那么我就可以做我自己喜欢做的事情了，比如看课外书啊、弹钢琴啊、跳街舞啊！"

作为教师，遇到这样的学生，他也变成了我们的老师。这是我校在使用校本记录本《小海豚成长手册》过程中的真实事件。每当和我们的一些班

评价篇

主任交流学生使用《小海豚成长手册》的变化时，总会有这样类似的故事让笔者心生欢喜，也确定坚持把校本化的《小海豚成长手册》用好，培养学生每天及时记录、自我负责、按时完成作业、反思每日之事的好习惯，也通过《小海豚成长手册》，让家校沟通联系更加便捷。

"今日事今日毕，勿将今事待明日。"这是我们在《小海豚成长手册》每一页内页上面写的一句话，意思是今天的事情今天就做完，不要把今天的事情拖待到明天。这句话旨在勉励人们做事不要拖拉，将本该今日做完的事情一直往后拖。这样的名言名句我们读得太多，如"明日复明日，明日何其多？""逝者如斯夫，不舍昼夜"等等，生活中真正做到的却又有几个呢？相反很多人都有着很强的"拖延症"，不到关键时刻决不"动身"。那么为什么这个学生却有这样的好习惯呢？

思考许久，笔者仿佛找到了些答案。小睿和笔者分享完成作业的妙招时提到《小海豚成长手册》，不正是有一栏"今天的事"。从一年级刚入学时，小睿就用各种方式（那时学生还不会用拼音）记录今天要完成的事，不仅仅局限于完成作业这件事，在每一件事的对应栏还有完成情况反馈。每天，小睿放学回家后就对照着今天的事一项完成一项打钩，直到全部完成，那么自己一天的任务都完成了。这么一对照，还真就是如此。小睿的《小海豚成长手册》中对每天的事都记得非常清楚，而且每天都有完成情况的反馈。

起初，学校在设计这本属于我们学校特有的作业记录本《小海豚成长手册》的时候，就想着学生可以有计划地、有序地完成今天的事情，其中包括作为小学生必须完成的家庭作业，自己在学校里没有做好的任务，等等，只要是自己今天要完成的事都可以记录。对于每个学生而言，这一栏目中的内容是不一样的，因为有的事情学生已经在学校里完成，就不必重复记录。

我们这样用心地设计，哪怕只是一个刚入学的一年级学生，每天如此强化训练，学生的心中已经慢慢养成了"今日事今日毕"的好习惯。而随着年级的增高，一定会有更多的学生像小睿一样自律，各个班级都涌现出的学生和小睿一样，借助《小海豚成长手册》养成了每日的好习惯。班主任每天一早，及时批改学生上交的《小海豚成长手册》，了解学生的作业完成情况，又可以通过文字互相沟通心情，有些班主任的个性化评语又在每天鼓励启发着学生，在点点滴滴中养成好习惯，成就最好的自己。

成长币不够了怎么办

每学期开学初，学生发展处的教师会"挨家挨户"地给班主任"发钱"。此钱非彼钱，而是我们学校的最爱的成长币了！五颜六色不同面值的成长币预示着学生精彩纷呈校园新生活的开启。可是每学期的成长币是固定份额的，不够时该怎么办呢？为此，各个班级的班主任都根据各班的不同情况，制定了相关班本化的成长币发放细则，让学生在积累、使用兑换成长币的过程中清楚明了。这样的过程也就把评价看得见渗透了学生对自我目标规划、导航和争取达标的坚持。

姚颖迪老师作为第一年分配过来的大学生新教师，就有非常明确的成长币兑换制度。在一年级上学期时采用的方法是十朵小红花换一枚成长币。小红花是从网上购买的贴纸，学生可以将得来的小贴画都贴在《小海豚成长手册》的扉页上。发放依据是和学生约定俗成的，如上课回答正确、出操列队认真、午饭实现光盘等。如果学生表现特别突出那么可以直接获得一枚成长币。这种方法的优势是有效节约了成长币的发放量，让学生的奖励有了初步量化。但是不足也比较明显，比如具体的发放依据还不够细致可视。一年级是行为规范养成的重要阶段，如果没有细致的评价标准，那么这种奖励机制也只是浮于表面。另外，由于有时来不及批改《小海豚成长手册》只能下午下发，就导致部分学生遗失小贴画，粘在地面或是课桌上。这既不利于学生养成良好的整理收纳习惯，也不利于班级卫生保持整洁。因此，在此基础上，一年级下学期采取了尚学积分制。

尚学积分制是根据本班班情与学校成长币奖励机制相结合而实践的。经过一学期的相处与观察发现班内学生在行为规范与学习习惯上仍有不足，因此在评分细则中也主要围绕这两方面展开设计。在设计时也要考虑各科的学科特点，以促使学生在德智体美劳各方面都有所进步。

在开学初姚老师先向学生讲解这个制度具体执行的措施，并打印积分规则将其贴在班级公告栏处。同时为每个学生都准备了一本尚学积分册——心愿存折，并专门购买了不同分值的尚学贴纸。这样既便于学生及时收纳自己的奖励成果，也能让学生更明确地知道什么是好的、对的行为，并使自己为了得到教师的奖励与他人认同而朝着符合校园规范的行为去努力。当然学生良好行为习惯的养成更离不开家长的陪伴与支持。因此，在开学初的家长会上也和家长们介绍班内的这项制度，并布置要求家长和学生一起完成积分册扉页基本信息填写的小任务，完成的学生可获得2积分。通过及时反馈，多方关注，一起保证这项制度在班内实施的可行性与权威性。

在兑换细则中结合学校的成长币机制，20积分可换一枚成长币，保证每学期固定份额的成长币能够得到有效发放。另外，除了一些小的物质奖励还

增设了许多有趣的奖项，如免作业券、和好朋友同桌一星期、与老师共享一次午餐等，不仅激发了学生努力攒积分的兴趣也利于良好班风的形成。经过一学期的实践，发现大部分学生在行为习惯上都有不同程度的进步，其中"规定时间内就餐并光盘"这项进步最为明显。在积分兑换上，除了学生最爱的成长币，"和好朋友同桌一星期"也是许多学生喜爱的一项奖励，由此可见榜样

与伙伴的力量。

在执行的过程中也遇到过小阻力。小p是我们班学习较不积极的一个孩子，他还有多次"偷"他人积分的行为。在与他的单独对话中，发现他是出于羡慕别人积分贴纸多，所以自己也想换更多奖品。在与他讲明积分的目的是奖励进步行为后，他承认了自己的错误。同时针对他的特殊情况，为他单独制定了一些加分细则并重新给他了一本需要文字签名记录的积分册。在这些举措下，小p也找到了通过自己努力换取积分的成就感，同时提高了他在校学习活动的参与感与积极性。

成长币是学校为了促进多元评价而设计的一个很好的媒介。在小镇成长驿站这个大的奖励机制背景下，作为班主任要学会利用这个平台并努力建立一个符合小学生心理发展特点的有明确标准的奖励机制。建立以班主任为核心的各科互通的奖励机制，使得小学生日常的奖励与学校最终的奖励挂钩。

一个学校有了总体的理念关键还是需要每一位老师去落地实践，类似姚老师这样的做法，我们每个班级每位老师都有。当所有的成员都朝着共同的方向眺望，就会形成强大的教育凝聚力助力于学生成长。

骄阳中队尚学积分规则

加分 ☺	扣分 ☹
行为规范类：	作业没有及时交-1分
自觉整理书包，交作业后大声早读+1分	作业没有及时订正-1分
两操被教师或监督员表扬+1分	作业缺一次-2分
规定时间内完成就餐并光盘+1分	没有预习一次-2分
每日保持桌洞整洁、地面干净+1分	听写重默一次-2分
学习习惯类：	小老师辅导一次-2分
课间自觉候课，准备好学习用具+1分	下课奔跑打闹-1分
课堂被教师表扬+1分	被老师批评一次-1分
听写全部正确+1分	（小班干被老师批评一次-2分）
口算全部正确+1分	收到扣分单一次-5分
写话班级展示+1分	**兑换细则**
作业连续5个"A"+5分	10分：棒棒糖或小零食1份
每周书写之星+5分	15分：可爱橡皮或尺子或削笔刀1个

评价篇

每周阅读之星+5分

每周体育之星+5分

考试成绩得到表扬+5分

考试满分+10分或1分成长币

其他：

"小干部"称号+5分

帮助他人解决问题+2分

20分：成长币1分或美术蛋1个

25分：精美笔筒或趣味拼图或小乐高1个

30分：免作业券1张

40分：好朋友同桌一星期

50分：和教师共享一次午餐

所有奖品先到先得，发完选择减少！

积分前5名的同学期末颁发荣誉奖牌并由姚老师请客吃大餐，合影留念并奖励大礼包一份。

期末评语谁来写

  每一个从学生时代过来的人，都知道学生评语是学期末班主任的"专项工作"。也经常会听班主任们"抱怨"，对撰写学生评语的态度是"爱恨交加"，有时会到"山穷水尽""黔驴技穷"的地步，又恰逢期末是班主任各种事务最忙的时候。那期末评语该由谁来写呢？

  在新课标视域下，面对个性不一的学生，如何发挥学校每位教师的学科育人价值，实现全员育人、赋能期末的学生评语？自我校办学以来，一直采用"师生评语共同写"的形式。期末评语不再是班主任的专属任务，由科任教师和学生共同承担完成。每位学科教师自主地向自己任教的班级认领3~5名学生的评语任务，课任教师从自身的学科角度出发为学生进行客观的综合评价，也是促使每位教师能够常态化地关注每个学生的成长曲线。不光教师评价，我们把期末评语的主动权还交给了与学生朝夕相处的同伴们。一句句童颜稚语里流露出难能可贵的真切，在学生互评的过程中增进伙伴情感的同时更重要的是让学生感受了认可、欣赏他人的重要性。

  如此下来，每个学生从我校毕业之前基本保证有12位师生为其作出"量身定制"的评语。多元的评价形式能让学生更加全面地、立体地认识自己，家长更能在各位教师的评语中多维度地接收到对孩子全面的评价信息。

  期末评语，不仅是一份礼物，更是一次教育的契机。它是一学期来教师对学生在校期间的学习情况、日常表现等多方面的综合性评价。在字里行间中流露出教师对学生的温暖鼓励和殷切期望。现在学校里更是涌现出了越来越多的"花式评语"：打油诗、画唱评语、有声评语……教师各显其能对学生的特点加以摹画。温吐的文字、中肯的评价是建立良好师生关系的重要纽带。

  期末评价为何要如此写？佐藤学说，教育要求要有三个视角：一为飞鸟

评价篇

之眼，高瞻远瞩却浮光掠影；二为蜻蜓之眼，视角下移却蜻蜓点水；三为蚂蚁之眼，所见有限却精确细致。从宏观角度而言，"师生评语共同写"的多元化的评价形式是学校对全员育人的深切呼吁、对学生成长道路上的过程关注，持续以温暖的力量为学生长远的全面发展充能助力；从中观角度而言，各位教师的评价角度犹如蜻蜓的复眼般多方位地折射出学生的不同形象，让每个学生在教师、家长、同伴的眼中变得更加饱满立体；从微观的角度而言，学科教师则需要如蚂蚁一般以低姿态下潜到教育中来，以更加细致入微的视角观察了解学生的成长变化。如此"花式"的期末评价仍以温暖有力的方式在师生的指尖传递着……

笔者还特意问过学生对于期末评语这一栏的看法，很多学生都不约而同地说，每位教师给自己的评价都不一样。我们同学的评价有时候很搞笑……期末评语不仅带给每个学生不同的感受，对于教师团队的建设也起到了作用，给他们提供了一个合作的机会。因为有学科教师共同帮助育人，班主任在期末阶段就多了一份从容。学校的事，学生的事，就是我们大家的事。我们依然会坚持这样一种朴素的做法，坚持把学生期末评语落实在教师和学生的日常生活中。

游考活动：游考卡个性化呈现评价

期末阶段，迎来了每学期一次的项目化游考，项目化游考通过游戏的形式，充满趣味地检验了学生这一学期中知识点的掌握情况。在进行游考之前，每个学生都根据自身的喜好自行设计并制作游考卡。游考卡可以记录裁判对学生知识掌握情况的评价结果，同时学生能在游考卡上展现自我，把自己的兴趣爱好甚至内心世界展现出来。

由美术教师在美术课上引导学生进行游考卡的制作，每个小学生的游考卡内容要包含各个项目的名称，并且预留敲章的位置。游考卡由学生自己发挥想象力进行创作，教师在引导学生创作时要注意颜色搭配合理、画面整洁、凸显个性等，课上，学生听得特别认真，在制作时也格外专注，充分发挥自己的想象力，学生内心的七彩世界跃然纸上。

在颜色搭配方面，强调对比和烘托。很多学生选择了红色作为主色调，红色代表了激情，展现了学生内心的热情开朗；有些学生以黄色为主色，象征着活力；有些学生则选择以绿色为主色调，体现了健康的寓意。很多学生在绘画时也运用了美观的色彩搭配，对比突出，形成了意想不到的呈现效果。在色彩搭配上要注意不能大面积使用色调较为接近的颜色，要突出重点，将自己画中想表达的主体凸显出来。

同时，教师提醒学生在创作时要注意画面整洁。在绘画时，注意彩笔上色要均匀，不要越界导致色彩叠加。要为游考项目以及敲章预留位置，在敲章的位置，由于裁判老师的章是红色的，所以这块区域不宜涂红色，并且敲章区域要足够长，防止盖章位置不够的情况发生。有些学生存在涂改的坏习惯，所以教师在学生进行创作前，提醒学生要先用铅笔进行勾勒，构图完成之后再进行上色。经过提醒，学生上色尤其仔细，特别是在分界的区域，小心翼翼地进行色彩的填涂，保证了游考卡的整洁、清晰。

最重要的一点是在游考卡上需要学生凸显自己的个性。正如新课标要求，现在的学生应该更加注重个性的发展。所以在美术课上进行游考卡创作时，教师鼓励学生充分发挥自己的想象力，把自己所喜爱的事物在画纸上展现出来。在学生创作的同时，教师积极巡视，当学生出现了好的设想和创意，及时进行表扬鼓励，学生构思和创作出现困难时则进行引导。教师进行框架性的引领，最终由学生自主创作，呈现出一幅幅赏心悦目的游考卡画作。

让我们一起来看一看孩子们的创作过程吧。

学生A：A选择的主题是"'新'星之旅"，这个主题不仅体现了孩子是祖国新开的美丽花朵，同时为即将到来的"七一"建党一百周年献上自己诚挚的祝福。在构图中，A在画面的右侧勾勒出了一名女同学的形象。女同学的左手捧着一面五星红旗，右手则端正地敬着队礼，同时双眼眺望远方。通过细细勾勒，画面中女同学的眼神充满了孩子对未来的无限憧憬以及对祖国繁荣的无比自豪，民族自豪感跃然纸上。随后，A在女同学的后面画出了一条蜿蜒曲折的丝带，左右横贯整幅画，这条丝带象征着我国自古至今的丝绸之路，也象征着建党百年以来中国共产党和亿万中国人民的奋斗之路，更是通向祖国未来繁荣复兴的希望之路。所以A选择将这条光荣的"丝带"涂成代表革命和鲜血的红色，表达了对党和国家伟大事业的热爱。在女同学的上方，A用童真的字体写上了"'新'星之旅"四个字，揭示了主题。在剩余空白的区域，A画上了星星点点的五角星，并且涂上了黄色，象征着五星红旗，随后又画了一只展翅翱翔的海鸟，寄托了自己雏鹰展翅的美好愿望。在完成铅笔勾勒后，A细心地上色，色彩搭配美观，对比鲜明，并且画面整洁清晰，同时彰显了自己的个性，在每个分界处都注意细节，A的游考卡上充分体现了一名小学生对祖国的热爱和对幸福的渴望。

学生B：B选择的主题也和建党一百周年有关，和A不同的是，B以北京天安门广场为背景，通过细细地勾勒，将天安门的一砖一瓦都刻画了出来。B参照北京天安门，在天安门广场前，伫立着一名小男孩，面向五星红旗，庄严敬礼。在B的画笔下，五星红旗迎风飘扬，在红旗的色彩描绘中，B选择了浓淡交替的渐变效果，充分表现了国旗迎风飘动时的光影变幻。画面中，小男孩胸前系着鲜艳的红领巾，红领巾和五星红旗一样，在微风中，朝着同一个方向飘扬。B的细节也刻画得非常到位，小男孩的头发是随风飘动的，眼神的刻画恰到好处，小男孩的眼神中仿佛装着祖国一路走来的光荣革命岁月，瞳孔的中间泛着一点白，这是光折射的影子，也使小男孩的眼神更加动人，展现了积极向上的少年感。在小男孩的脚下，B描绘了一片绿茵茵的草地，草地上还点缀着几朵鲜艳的粉红色小花。B通过自己的画笔描绘了一幅新时代祖国少年沐浴在繁荣昌盛春风中的幸福景象。

最后，在画纸的后面再贴一层硬纸板，防止游考卡受折弯曲。学生细心裁剪，将画纸和硬板纸的边缘对齐，展现了出色的剪刀使用技巧。游考卡制作完毕后，学生有序地整理、收拾画笔，并且将制作中产生的纸屑扔到垃圾桶里。

游考卡的制作放飞了学生的想象力和创作欲望，游考卡本身就是承载了美术作品评价的一个载体。独具一格的创造让学生有了专属感，更加认真投入期末项目化游考活动，在轻松愉悦中学习并接受检验。

免考不免学，研学更精彩

在每学年的12月份，学校有一批学生因为平时学习表现、活动参与、技能操作等都获得优秀的成绩，可以申请期末免考。那么这些成功申请免考的学生，期末复习的一周做些什么呢？学校教学管理处精心安排的相关免考生课程，分别是三天校内综合实践和两天校外研学。短短五天的学习历程，对免考生来说是一种荣誉和骄傲，而学校特意设计的活动课程，能够锻炼他们的能力，进一步激发他们积极向上的学习热情，也使他们成为校园内其他学生的身边榜样。

每一次免考生课程开始，我们都会安排开班仪式。笔者除了会向免考生表示祝贺以外，还勉励大家不要辜负这一荣誉，戒骄戒躁，自主管理好这五天的时间，争取获得长足的进步。在开班仪式上，同学们也分享了荣誉背后的努力与喜悦。

三天的校内研修活动中，学校为免考生安排的实践活动有书法练习、水彩画、电脑绘画、趣味数学、疯狂博士、体育锻炼等，除这些综合性素质课程之外，学校还不忘校园志愿课程，让低年级的教师担任游考考官，这样也解决了学校游考项目人手紧张的问题，充分让免考生在活动中明白一个人的优秀要在服务他人中更加体现价值感。

校园的研学活动，根据每年的不同主题，我们会选择不同的地点和内容。上一学期20名免考生跟随舟山金秋国旅走读天下研学部的教师开展了为期2天的研学活动。在这两天里，免考生来到浙江省普陀县，接触课堂外的文化、知识，争做时代好少年。他们围绕"中国渔都沈家门探索"的主题，了解悠久的海洋文化历史，挖掘百年渔港的历史遗迹，探索渔港古城的文化足迹。他们走进博物馆，漫步渔港两岸，听江南地区的老师为大家解说舟山首条海底隧道的历史变迁，还体验手工技艺"牛"气冲天，亲手缝制一只特别的"金牛"，当作新年给自己的一个最"新"的礼物！他们还步入莲化岛，外观大剧院，"勇立潮头"，畅想舟山群岛新时代。他们在独具乡土气息的农村，打年糕、品年糕，吃了年糕，"年年高"；寻找木船身影，倾听来自渔船的呼唤，感受舟山舟船文化。

学校坚持每学年做好免考生课程，采用多样化的学习资源、灵活的学习方法、组建新的学习班级，由专人负责带领学优生展开系列化的学习。这体现了"因材施教"，也是用新的学习内容奖励"吃不饱"学生的进行更高层次的学习。

学生的感受也往往会更加深刻，我们节选其中几名学生的记录文字，可见每一次免考生课程对他们产生的影响和激励。

通过五天免考生课程的学习，我认识了很多新朋友。我在这五天里锻炼了动手能力，学到了很多知识。特别是做牛偶和船模，让我真正懂得了遇到困难不要轻易放弃的道理。免考生的生活太幸福了，不仅有丰富多彩的学校课程，还可以出去研学旅游，下学期我要继续争取当个免考生。

——倪子苘

在这五天的学习里，我学会了许多做事情的方法。特别是我知道了做事情要有始有终。充实快乐的研学活动结束了。这次的研学之旅，不仅让我学到了许多知识，也让我了解了家乡的历史文化。这真是一次难忘的成长之旅啊！

——章迈

评价篇

免考研学活动是学海中的一盏明灯，指引我们航行的方向；免考研学活动是一把标尺，测量我们学习成果是否颇丰；免考研学活动是成长中的助推器，推动我们日有所获。免考研学活动既给了我们压力，也给了我们快乐，告诉我们：有付出才会有收获。

——郑淳尹

悦纳自己　欣赏他人：一年两次分享成长足迹

一年两次，每学期期末，学校都会安排一个特定的时间，来共同见证这一学期学生的"成长足迹"。

在分享之前，学生先要根据学校下发的"成长足迹单"进行整理，涵盖了语文、数学、英语、科学、美术等多学科的多方面。当然，只要学生觉得有意义，那么这些个性化的物品就都可以收纳到这个"百宝盒"中。

其实，回顾、整理的过程便是总结、反思的过程。每个学期有进步，也有遗憾；有满足，也有不甘。在挑挑选选中，学生遴选出令自己满意的作品。有些糟糕的作品也并非一无是处，也许它凝聚了你的突发奇想，镌刻了你的坚持不懈，让你学会了不可粗心大意。

所以，回顾、整理的过程也是悦纳自己的过程。自我悦纳不仅要接纳自己的优点、长处，更要接受自己的缺点与不足。在接受不足的基础上，试着努力改进自己、完善自己，而不是妄自菲薄，失去信心。有时候，不妨把那个具有特殊成长意义的"糟糕透了的东西"放进档案盒，它鞭策着你"知耻而后勇，知弱而图强"。

终于到了参观成长档案盒的日子，请允许笔者使用"参观"这个如此庄重的词语。学生早已按照学号将档案盒一一安放好，就像平时列队训练时那样整齐划一。齐齐整整总会给人一种肃穆感和敬畏感，从而提醒欣赏者们要轻拿轻放，小心翼翼地观赏。此时，教师要引导学生用一双善于发现美的眼睛去感受身边事物，而不是带着挑刺的眼光去寻找他人的不足。

那么，我们一般通过什么形式分享呢？这种分享可以是静态的作品欣赏，也可以是动态的交流、讨论、表演。学生翻看着其他同学秀美的书写，暗暗对比自己的字，有的汗颜，有的敬佩。学生互相交流着练习书法时枯燥无趣的历程，但是"我最满意的一张书法作品"的结果呈现，抵过了那些咬牙坚持的漫长时刻带来的辛苦。印象最深的莫过于建校第一年的第一个学期，全校师生仅仅利用108天，就策划了一台异彩纷呈的大戏——每个学生上台展示了一学期所学的成果，唱歌、舞蹈、篮球、朗诵、舞台剧……一次特别盛大的成长分享会，装载了很多学生难忘的回忆，台下的每一位观众都是学生成长的见证者。我们虽然无法将完整的成长过程放入档案盒，但我们能把表演的瞬间定格为照片，把精彩的节目写成文章，将这些浓缩的精华投放于成长档案盒中。

分享的方式可谓花样迭出，层出不穷，分享地点的确定也动了一番脑筋。关于地点，我们不是固定统一的，旨在给学生制造新鲜感和神秘感。也许这一次是在教室一角，班内学生围在一起交流；下一次就是在走廊上，年级段学生之间互相分享，探寻其他班级的与众不同，拓宽自身眼界；也可能是放在礼仪大厅，全校学生都将汇集于此，发现各年级自身的特色，低年级学生充满童真，中年级学生都有奇思妙想……如同快闪一般，我们不确定下一次分享的地点会在哪，正因如此，学生对于分享才更期待。

除了和学生分享成长的果实，还可以和谁分享成长的甜蜜呢？分享的对象可以是多元的，教师、家人、从小玩到大的朋友、邻居等都能见证自己的成长。但最重要的，是分享给未来的自己。六年六个档案的积累，汇成了六年成长的万花筒。当一个十二三岁的少年或二十几岁的青年，回看曾经懵懵懂懂的幼年，跌跌撞撞的字，天马行空的绘画，一定会扑哧一笑吧。这便是成长的意义。

在每一次的分享交流中，学生会不自觉地重新审视自我、联系对比他人。相较于第一次的整理、回顾，此时的反思显得更为客观、理性。儿童是天生的模仿者，有了其他同伴的引领示范，他们内心就会滋生希望的种子，"下一次我也想这样做"，这就是同伴的力量。记得有一次，某班一位女生看到了比她高一个年级的姐姐编辑的作文集，一本厚厚的图文并茂的文集让她忍不住发出啧啧的惊叹，继而其他几名同学也围过来欣赏。这样的个人作品集一定打破了她们心中原有的思维定式，原来一学期可以积累这么厚一叠的文章，还能分门别类地装订，像个小作家一样。到了下学期，在上交作文集时，某班内果然涌现了几本别出心裁的作文集，封面上还有小作者的简介、美照、目录呢。

可以说，这样的惊喜效果是我们策划这类分享活动希望看到的理想效果。这样的学生首先认清、接纳了自己的不足，并能欣赏他人的优点，进而去改进、完善，真正做到了"悦纳自我"。

现在正处于信息化时代，除了这种传统的档案盒，我们学校始终充分利用信息化平台的优势，构建学生德、智、体、美、劳全方位档案，如学生成长档案系统、钉钉班级圈、微信相册、之江汇……为学生保留了学习和发展的重要信息，从而描绘出一幅动态的、完整的、立体的学生发展图画。

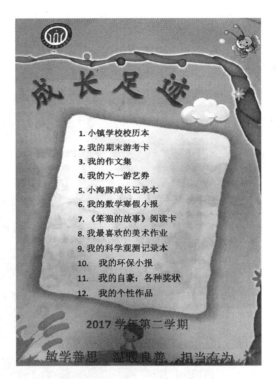

成长足迹

1. 小镇学校校历本
2. 我的期末游考卡
3. 我的作文集
4. 我的六一游艺券
5. 小海豚成长记录本
6. 我的数学寒假小报
7. 《笨狼的故事》阅读卡
8. 我最喜欢的美术作业
9. 我的科学观测记录本
10. 我的环保小报
11. 我的自豪：各种奖状
12. 我的个性作品

2017 学年第二学期

敏学善思 温暖良善 担当有为

但是不得不说，六年之后，当学生亲手捧着六个沉甸甸的档案盒，内心无比满足、踏实的充实感是其他信息化手段无法实现的。所以，我们会继续坚持做好"成长足迹"的积累，一步一个脚印。在积累的同时，定期分享，以档案盒交流分享的这种形成性评价来适时修正、拓宽、丰富学生的成长之路，让他们走得更稳、更远、更好。

多彩档案盒，让成长看得见，让童年更精彩。

头脑风暴：成长档案盒里装什么

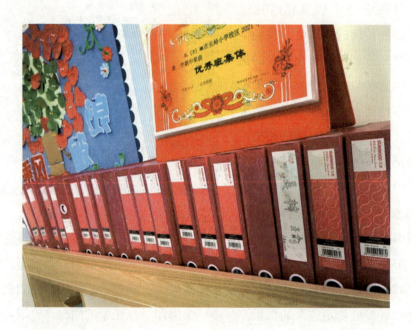

1. 这就是成长档案盒

每次新学年伊始，每个学生都会领一个比A4纸稍大点，约5厘米厚的档案盒子，认真写上自己的班级、学号、姓名。

每学年结束时，这个档案盒子里将装满一件件作品、一本本学科作业、一张张照片、一份份成绩单……

这个档案盒，是教师从充分调动学生内在动机的角度出发，创新评价路径的思考，体现了教师充分发挥评价的教育、激励、诊断、改进作用和促进发展的智慧，实现对在校学生所有教育教学活动的评价。

人手一个的档案盒，记录学生物化纵向自我评价，强调过程性评价和综合性评价，是为了让学生有正确的成长方向。

这就是南海实验学校长峙小学校区的学生成长档案盒。

2. 说说建立成长档案盒的原因

教育是促进人正向发展的手段，教育的评价标准要顺应这种正向的发展。新时代教育评价的价值取向更加关注每一个学生的不同发展需求，把学生的终身发展视作第一要义。好的评价除了具有基本的反馈功能，更应关注学生未来发展，通过分层、分类、分阶段，实现评价主体多元化、评价内容多样化、评价过程可视化、评价结果人文化。基于此，学校的评价不仅要落实在课程、课堂上，还要重视德育、体育、美育等评价内容，树立科学的成才观。根据不同的学生、不同的教师组成等开展落地评价。

如果把学习比作航海，评价的功能就是起着引导学习的指南针的作用。评价是提供能动学习的条件，因此我们要立足于能动学习的特点，涉及儿童的学习活动，把握儿童素质与能力形成的真实性，实施真实的评价，促进思维深化、内化与外化的循环，促进学生多学科思维的螺旋发展。了解学生的机会和途径不仅仅是批改、评价学生作业，也不仅仅是分数，更是关注学生在校园生活、学习的点点滴滴。每一个学年通过物化的形式（一个成长档案盒）积累起来，我们就能够在一件件作品中、一本本簿册中、一句句话语里看到学生不同的生命成长轨迹，发现每一个学生的与众不同和珍贵之处。

在新课改下素质教育的今天，我们认可探究性学习和发展性评价，但在整个学习过程中，所经历的时间跨度较大，因此有必要建立学生成长档案。

3. 想想成长档案盒里可以装什么

我们重视学生的过程性评价，让学生健康全面发展，凡是能体现学生成长进步的材料均可收集，这包括道德、知识、成果展示等领域。成长档案盒可以记录的内容包括：学生的学习能力、交流与合作能力、审美与表现等方面；学生学科学习目标达成度情况；学生在某一方面进步和取得的成绩等情况；等等。

教师在指导学生完善成长档案盒的同时对每个学生进行客观、公正的评价，形成学期综合素质评价单的同时，充分挖掘每个学生的闪光点，让学生能够体验获得知识的喜悦、成长的快乐！

借助成长档案盒，学生在此过程中各随所愿收集成功的点滴，交流评价，比较鉴别，从而飞扬自我、认识自我、提高自我、发展自我。通过档案

评价篇

盒中各项活动的记录，学生看到自己的成绩，增添一种成就感，意识到自身的不足，以便在将来的学习中进一步提高。对学习和活动产生主动积极意识，形成评价的正向作用：学生的个人成长档案盒物化积累会更厚实，同时学生的成就感更足，自信心更强，他们能体验更多的成功的喜悦，具有主动性和积极性。

4. 猜猜完成成长档案盒的人

档案袋中除了有教师的评价和学生的自评、互评、小组评定之外，还有学习成果、活动照片、作品、校内外生活、社会实践等的记录。这需要学生、教师、家长来共同完成，在此过程中，教师要充分肯定学生并适当引导。教师的肯定能够增进师生、生生之间的情感，家长的赞许能够促进学生的发展。活动的过程和结果呈现更需要家长的协助。整理和完成成长档案盒的执行落实人自然是学生。

5. 聊聊成长档案盒的管理

对于档案盒的管理，我们可以采取这些方式：开学初，请家长协助为班级学生准备统一的档案盒，培养学生的班集体意识。学期中，成长档案盒由学生保管，在教师的指导下定期进行整理。定期组织专题研讨、成果展示活动，加强学生间的探讨与合作，不断提高"档案盒"的质量。在此过程中家长要积极参与，实现家校互动，不断改进和完善以促进学生的发展。学年末，在教师的指导下完成常规的成长档案盒整理后放入自己的个性化收藏，在成果展示后统一放入学校档案室存档。

6. 看看常规版成长档案盒

个人成长档案盒常规目录：

（1）我最满意的一张书法作品（如硬笔、软笔或钢笔作品等）。

（2）成长足迹。

（3）我的百词过关。

（4）我最满意的作文。

（5）神机妙算：一张最满意的计算练习。

（6）我的课堂作业本（如语文、数学、科学、英语等）。

（7）我的美术作品集。

（8）《小海豚成长手册》。

（9）《小镇学校校历本》。

（10）我的个性化收藏（各类作品、照片等）。

（11）我的学期综合素质评价单。

（12）星星闪亮（一、二年级游考卡）。

7. 试试档案盒"我的个性化收藏"内容选项

（1）看祖国大好河山，留下研学足迹（风土人情简介、照片掠影等）。

（2）我新结识的朋友（愉快相处照片）。

（3）校内外社团活动成果、作品。

（4）我的"成长密码"。

（5）本学年最满意的一次检测成绩。

（6）本学期进步最大的一张检测卷。

（7）最喜欢的一项作业。

（8）最喜欢的老师的一次批改、评语。

（9）校外生活的逸事趣闻。

……

相信你们还会发现更多展示自己个性的选项。希望你们能在未来一一展现它们，丰富你们的成长档案盒，看见自己的美好成长。

8. 夸夸成长档案盒

评价对于学校、教师和学生而言具有决定性的意义，我们的评价尤其要从片面追求分数转变为以关注人的核心价值观及素养关键能力为前提的全面关注和监测，以及由此产生的发展需求的教育策略回应。

成长档案盒体现了新时代教育评价的过程是诊断、删选、判别、分化，评价既是对教育教学的效果进行评价，又是为了更好地服务教育教学。

成长档案盒的构建是一种动态绿色可持续的评价，追求学生在校进行有意义和有价值的自主自觉的生活学习方式。营造一种平等、和谐的评价氛围，对每个学生进行客观、公正的评价，充分挖掘每个学生的闪光点，让学生能够体验获得知识的喜悦和成长的快乐！让每个学生更多地产生成就感和幸福体验，促进他们潜能和善念的生长，让他们朝着积极的方向发展。每一年学生在整理成长档案盒的过程中也能看到自我的成长，而与同伴间的互相参观学习又能够取长补短，欣赏他人，悦纳自己。

　　成长档案盒是基于德智体美劳综合素养对学生进行物化评价的展示。从薄薄的一张成绩单到厚厚的一个成长档案盒，评价的改变折射出的是学校在教育生态及重点课堂教学样态上的变化。教育一阵子，影响一辈子。一点一滴从可以改善的小事做起，切切实实坚持，让评价更具自由和温度。

　　成长档案盒就是最好的实物，记录着教育对学生带来的影响。

后记

1992年9月，我离开所在的村子，去县城读初中。没有通车，来回一周一次，需要先步行一小时左右到车站，然后坐公交到学校。虽然忘记了来回的很多细节，但有一个场景令我印象深刻——深秋芦苇飘絮，夕阳下我独自步行问自己：长大做什么？当一名教师吧。陆续还有过当律师的念头，最终在中考结束后填报志愿读了中师，自然而然成了一名人民教师。

毕业分配到岱山蓬山小学，与当时同届同学不一样的是，大家都成为语文教师、数学教师，我却成了县里第一个分配专职教学"常识"的教师。梦想着当语文教师、当班主任，而现实的安排却是我完全陌生的学科，短暂的失落后，开学快节奏的上课、听课，让我就这样和"常识"教学结缘。（2001年"常识"改为"科学"）

在岱山蓬山小学工作的三年，我的师傅韩志南老师手把手地带领我入门教学，上过一节节公开课、展示课，辅导我如何说课、制作教具。县教研员胡菊芬老师给我鼓励表扬，把很多县、市教研展示的机会给了我。市教研员王莉珠老师更是带领我做课题，跟着课题团队的前辈们到全市各个学校研讨交流。这三年，为我的教学专业成长奠基了坚实的基础，让我在工作的起点就迈上了很高的台阶。

也正因为有了这三年的积累，在南海实验学校作为舟山市第一所国有民办学校向全市招考教师时，我有资格报名并顺利通过考核，调到当时云集全市最好师资的学校，开启我第二段的教育时光。如果说工作的前三年让我站稳讲台、把握好课堂教学并能对教学有自己的思考，在南海实验学校的17年，使我逐渐向身边更多优秀同事学习，形成我对学校教育新认知、深理解，树立了我坚定的教育追求和信念。

俞宏伟校长对我的影响最深。我们同教一门学科，他送我一本关于在大自然中给学生上课的图书，我阅读后大胆地在全市的校园开放课中进行尝试，执教"食物链"采用了人体搭建模型感受食物链之间的关系。俞校长在小学部管理过程中，倡导"儿童宣言"、开设假日舞台、选修课程、组织大型的六一晚会，这在20年前是非常有前瞻性的教育理念落地实践。他蹲下身来和学生交流的场景成为我学习的榜样，他对每个学生的背景了解，能叫出学校很多学生名字，也成为我对自己的要求，他的博览群书脱稿讲话也是我的标杆……点点滴滴，浸润其中。我在南海实验学校不仅仅做好一名科学教师，更在教研组长、教科室、教学管理处、副校长等不同的岗位上锻炼成长。

2017年9月，我来到南海实验学校长峙小学校区，这是第一个集团化办学的新校区，这也是我教师生命成长的第三个阶段：成为一所学校整体发展的引领者和责任承担者。新校区创办第一年，俞校长还是我可以依靠的大树，对外联系沟通不用我操心，我只需负责学校内部的教育教学管理。第二年，俞校长去了新学校，我成了学校的法人代表、书记校长。新校区如何在原有本部办学的基础上带着文化基因，于传承中发展？又如何基于一年年扩班新教师为主的团队中实现教师专业素养的提升？"双减"政策之后教育该有哪些变与不变？小学教育学校的课程活动如何更好地顺应学生的成长规律，给学生留下怎样的影响？

整整五年，我和南海实验学校长峙校区共成长。除了依然坚持一线上课，学校的每一件大小事情，基本都是亲力亲为，躬身入内。从顶层的课程设计到校园的每一处角落布置，从家长学校的组建到七部门活动中的读书会夜跑团，从学校每一篇微信推送制作到给学生写新年贺卡，我始终相信榜样示范的行动力量胜于千言万语，我更相信微小中点滴累积所形成的习惯力量，会沉淀为一种看不见的文化，在集体中影响每一个人的思维方式和行为。

小学是什么？——"教之以洒扫、应对、进退之节，礼乐、射御、书数之文"，这是宋·朱熹《〈大学章句〉序》中说的。虽时过境迁，但今天想来传统的教育理念依然需要我们谨记践行。拥有好的教育理念不难，难的是我们如何让好的教育理念真正落实践行。日复一日，坚持去做。从每天坚持入校门打招呼开始，我们提倡师生共同面对面微笑，主张学生自主整理劳动，不管刮风下雨每天坚持和学生跑步做操，每周坚持学校特色的增广通识课程，每月综合主题实践活动跨越学科与校内外。教室里没有固定讲台，增设批改区、阅览角、洗手区、谈心区，开放每一处校园公共空间，让学生自主发展……一个个小舞台，如"草根围棋赛""小小讲书人""校园五星""迷你马拉松"等，成就每一个生命。

真实的教育场景，藏在日常之间。一批批学生来了、走了，坚守在学校的教师，怎样能够不断面对不一样的学生用相同的教材、活动去经历体验感受、创设不一样的活动？去观察对话每一个与众不同的孩子，捕捉思考教育的价值和意义？《小海豚成长手册》、"成长驿站"、"绿能驿站"、"失物驿站"、"成长档案盒"都成为孩子们童年美好记忆的载体，让我们看见不一样的儿童，怀着天然虔敬，贯穿教师教育生命的每一天。

"勿以恶小而为之，勿以善小而不为。"这句话的意思是，只要是善，即使是小善也要做；只要是恶，即使是小恶也不能做。迁移到教育教学中，面对成长中有无限可能的学生，我们更是要怀有谨慎敬畏之心，坚持做好微小的善良教育小事，对待每一个小小的生命，给其以关怀和鼓励、期待。相信每一个生命都是带着使命来到世上，相信每一个人都有自己最好的位置，相信微小教育的方式和力量能让我们周围的人和社会更美好。

感谢来到这所学校的老师、学生、家长。我们看到每一个本性具足的学生，看到教育中最美好的和善良的东西在学生的身上闪现。

感谢南海教育集团对校区文化的辐射影响和品牌活动传输，教育没有理想走不远，教育之事过于理想走不动。在巨人的肩膀上，我们眺望并追求更美好的教育。

感谢我的家人，照顾打理生活中的琐事，日常饮食起居，让我有更多的时间和精力安心投入在学校的工作中，做我自己喜欢的事情，成全我的理想。

感谢自己，没有放弃少年时的梦想，做一名好教师，回应奶奶教育我的"做一个好人"；在无数个黑夜，独自坚持，去完成一件件自我加码的工作。

感谢梦琪、浩宇两位老师帮我一起整理照片、文稿，还有书中所提到的各位老师提供素材。仅以此书纪念我们一起在南海实验学校长峙校区走过的2000多个日子，不辜负，更期待未来更好。

后记